Breakthrough:Inspiring Stories from
Women Entrepreneurs Overcoming Barriers

Learn the Secrets of Living and Working on
Your Own Terms from 20 Extraordinary Women

新しい「生き方」を手に入れるために

自分の壁を超えた瞬間

ブレイクスルーした女性起業家20人から学ぶ生き方&働き方

安藤優美　井上美幸　大戸もも　奥山由実子　加藤亜紀美
城所美奈子　小林由紀子　佐々木久美子　髙橋葵　高橋由香里
玉野英美　田村優美　野中さつき　伴祥江　東谷朋美
星野悠月　増井サリン　南奈奈　横山実玖　渡部由美子

Rashisa

新しい「生き方」を手に入れるために
自分の壁を超えた瞬間

ブレイクスルーした女性起業家20人から学ぶ生き方&働き方

自分の壁を越えて新しい私へ　―はじめに―

「ブレイクスルー」とは、自分の壁を超えること。
今の自分の枠を超え、新しい領域へ踏み出すその瞬間を「ブレイクスルー」と呼びます。

人はいくつになっても、誰かと比べて落ち込んだり、「こんなはずじゃなかった」「私の人生ってこんなもんなのか」となげいたり、諦めたりすることがあります。

そんなとき、こう考えます。

「もしも、あのとき、もっと頑張っていれば」
「もしも、あのとき、この人と結婚しなければ」
「もしも、あのとき、この仕事に就かなければ」

こうして、「もしも」から始まるもう一つの人生を想像することで、後悔をするのです。

あのときに戻れたら、もっと理想的な自分を手に入れていたかもしれない。
そう思うからこそ、戻れない過去に意識が引き寄せられてしまいます。

しかし、この「もしも」を「過去」ではなく、「未来」に向けることもできます。

「もしも、今から、もっと頑張れば」
「もしも、今から、この人と結婚したら」
「もしも、今から、この仕事に就いたら」

「過去」ではなく、「未来」に視点を置くだけで、途端にあなたの未来に一筋の光がさします。

そして、その光こそが、あなたのブレイクスルーを照らすサーチライトになるのです。

本書に登場する20人の起業家は、未来を見据え、ブレイクスルーした女性ばかりです。
当然ながら、その直前には絶望するような出来事があった人もたくさんいます。

しかし、すべての人に共通しているのは、「過去ではなく、未来を見たこと」。

そして、その未来に向かってみずから「動いた」ということです。

人生は選択と覚悟の繰り返しです。

そのなかで、こっちに行くと腹をくくり、行動した人から、次の世界へたどり着くことができます。


そこに必要なのは、小さな「勇気」。

そして、その小さな一歩が「ブレイクスルー」を引き起こします。

・絶望の渦中にいる人
・このまま人生を終えたくない人
・夢があるけど、挑戦できない人
・生きる希望が見えない人
・過去の出来事にとらわれている人
・一歩踏み出す勇気が欲しい人

本書は、そんなあなたに向けて作りました。
20人のストーリーを読むことで、あなたはきっと「悩んでいるのはわたしだけじゃない」と胸をなで下ろすでしょう。

そして、今こうしてあなたと出会えたこの瞬間から、あなたがブレイクスルーする瞬間へのカウントダウンが始まりました。

21番目にブレイクスルーをするのは、他でもない「あなた」です。

さあ、20人の勇者たちに「小さな勇気」をもらいに行く旅に出ましょう。
あなたのブレイクスルーが、あなたの人生を変えるきっかけとなりますように。

Rashisa（ラシサ）出版編集部

Contents

新しい「生き方」を手に入れるために
自分の壁を超えた瞬間

ブレイクスルーした女性起業家20人から学ぶ生き方&働き方

離婚を機に自分を生きる道へ。
国内外旅人生活を経て、
人との時間を共有するカフェを開いた店主の、
壮大な人生観

Life is sharing. 代表
カフェ経営／レンタルスペース事業
安藤優美

大企業の安定を捨て、
好きなファッションで起業！
セレクトショップオーナーの
ワクワクを伝染させる秘訣

BYOURSSON オーナー
婦人服セレクトショップ経営／アパレルオリジナルブランド主催／
イベントスペース事業

井上美幸

飲食店経営で成功するも腸破裂で入院。
本来の自分に戻り
内面から輝く「美習慣」を
生み出すまでの軌跡

株式会社UsagiGroup 代表取締役／日本美習慣協会 代表理事
健康茶の開発販売／人材育成／起業コンサル

大戸 もも

花屋、保育園経営から
自然食材店経営へ。
「好き」と「こだわり」を追求し続けた
経営者の物語

暮らしのフォーチュン 代表
自然食材・ナチュラル雑貨店経営
城所 美奈子

お米の素晴らしさに気づき、
米粉パンの魅力を世界へ！
日本の農業をおもしろくする、
パワフル農業女子の挑戦！

米工房Jasmine 代表
米粉パン屋経営／農業
小林 由紀子

専業主婦の生きづらさ、
子育ての不安を機に保育園設立。
園児とその母親の支援までも目指す
園長のヒストリー

特定非営利活動法人メリーゴーランド 理事長
認可保育園経営

佐々木 久美子

経験も知り合いもゼロで
サロンオープン。
「自己肯定感が高まるサロン」オーナーの
満席メソッド

mico.株式会社 代表取締役
アイラッシュサロン経営

髙橋 葵

夫とイタリア留学、
レストラン開業するも、
すれ違いからうつ病に。
起業で自分らしさを
取り戻すまでのストーリー

お菓子工房「Dolce&Merenda」オーナー
スイーツ店経営

高橋 由香里

流されるままに経営者に！
女性目線と地域密着で、
地元で愛される旅行会社へ

たどトラベルサロン 代表
旅行業

玉野英美

サレ妻から妻社長へ！
離婚せず自立するために
ネットショップ開業した
社長の葛藤と決断

株式会社Connect 代表取締役
EC事業／サロン経営

田村 優美

「デザイン・ディレクション」という
究極の裏方。
10以上の職を経て、
めぐりあった運命の仕事

株式会社ｔｒｅｅ 代表取締役
デザイン・ディレクション

野中 さつき

アパレルブランドを立ち上げるも廃業。
失敗を糧に美容院経営者となった
美の伝道師

美容室micora 経営
美容業

伴 祥江

司会業から未経験で
古民家カフェオープン。
好きに忠実に生きる
パラレル経営者

株式会社源エンタープライズ 代表取締役
古民家カフェ経営

東谷 朋美

新卒で起業するもコロナで廃業。
それでも止まらず
ジュエリーレンタル等
次々ビジネスを展開する
若き経営者の覚悟

Y Plus株式会社 代表取締役
ジュエリーレンタル事業／フォトウェディング事業

星野 悠月

タロットカードとの出会いで才能開花！
鑑定した人の未来を変える
カリスマ占い師

株式会社KYPHI（キフィ）代表取締役
占い師／占いの館経営／宿泊業

増井 サリン

会社員から建築会社経営者へ。「女性目線の家づくり」で建築業界を生き抜いた女社長の８つのルール

リ・ライフ株式会社 代表取締役
建築業

渡部 由美子

Life is sharing. 代表
カフェ経営／レンタルスペース事業

安藤優美

離婚を機に
自分を生きる道へ。
国内外旅人生活を経て、
人との時間を共有する
カフェを開いた店主の、
壮大な人生観

Profile

1992年、愛知県出身。16歳で親元を離れ、通信制の高校に通いながら飲食業、販売業に携わる。20歳で販売業店長を経験。23歳から国内外様々な都市を旅するように生きる。26歳で単身渡欧。2020年２月に地元である愛知県岡崎市にて、「Life is sharing.」というカフェ兼レンタルスペースをオープン。現在は、地域から海外へ向けた国際化を推進する一般社団法人 Project INTEGRA のメンバーとして、様々な多文化共生事業にも取り組む。

1日の
スケジュール

Morning

6:30　起床

8:00　店舗出勤

19:00　カフェにてLanguage Exchange開催

22:00　営業終了

23:00　帰宅し夕食、お風呂

24:00　事務作業

2:00　読書

3:00　就寝

Afternoon

他者のために生きてきた自分、シェアハウスで人生リスタート

中学校卒業後、社会人として飲食店で働きながら通信制高校に通いました。

当時の私は、金髪に制服、ルーズソックス、バサバサのつけまつげと、いわゆる「ギャル」。

学歴がなく、派手な見た目から、人々の視線は冷たいものでした。

しかし、見た目だけで判断する人たちをいつか見返したいと思っていました。

そこで、誰からも認められるように一生懸命働き、組織に必要な人間になろうと努力したのです。

アパレル販売業へと転身後、日々の努力が報われ、若干20歳で店長になりました。

同年結婚し、「良い妻」「良い店長」として人から認められるようになっていました。

しかし、結婚2年目ごろから夫婦関係が悪化。うつ病にもなり、23歳の時に離婚。

私生活の崩れと同時に、仕事までできなくなりすべてを失いました。

他人軸で生き、誰かから見える自分の姿を気にして「いい奥さん」「いい娘」「いい店長」であることに限界が来たのです。

思い返せば、中学生の時から、いつも人目を気にして生きていました。

良い成績を取り、運動ができて当たり前……「できる」ことでしか自分の存在意義を測ることができませんでした。

頑張ることに限界がきて、ある日突然不登校になったのです。

社会人になってからも、頑張り続け、ようやく他人に認められるような肩書きを得たものの、限界を迎えました。

そして、すべて失ったことで、ふたたび自分の価値を見失ったのです。

それでも、友人、家族、バイト先の人は、なんの肩書きもない私をそのまま受け入れてくれました。

私を大切にしてくれる周囲の愛に触れ、自分をいじめることとやめ、認め、大切にしようと決意したのです。

この時、「人に認められるために生きていた」ことを知り、他人ではなく自分のために生きようと決めたことが、人生のターニングポイントでした。

回復をしてからは、知らない場所で新しい人生を始めようと、関東へ。

さまざまな物件情報を見るなかで「シェアハウス」を見つけ、住むことにしました。

初めて住んだシェアハウスは、「家庭と仕事」という狭い世界で生きてきた私にとって、衝撃的な場所でした。

そこではさまざまな年齢や性別、国籍の人が100人ほど、共同生活をしていました。各々に自室があり、共有のラウンジスペース、キッチン、ジム、大浴場がありました。ラウンジスペースでは大人の男女がいつもご飯を一緒に食べて呑んで騒いでおり、「なんてチャラついた場所なんだ」という印象を受けました。


しかし、いざ生活をしてみると、とてもおもしろいコミュニティだと気づきました。国籍も年齢も違う人たちが生活を共にするシェアハウスは、小さな「村」のようでした。育った環境が違えば、「当たり前」も人によって違うため「普通」は存在しません。共通して言えることは、みんな目があり、口があり、体があり、心があるということ。ですから、思うことは伝え合い、相手のことを理解しようと歩み寄り、「食器は使ったら片付けよう」「物は大事に使おう」などと小さなルールを作り、守ります。

価値観が違うことが当たり前だからこそ、受け入れ合うことで世界が広がる。

そして、互いの意見交換のうえで、互いの妥協点を見つけていき、建設的な人間関係が構築できるのです。

シェアハウスで交流するうちに海外に興味が湧き、23歳で初めての海外旅行で台湾へ行きました。

ほとんど会話はできませんでしたが、現地の人に道を尋ねることができ、それが小さな成功体験となりました。

それからは働いてはお金を貯め、海外で滞在をするという「旅人生活」をしたのです。

国内では「販売員」という仕事を武器に働き、全国のシェアハウスに住んでいました。

26歳の時には憧れのヨーロッパ、マルタでの語学留学を実現。

マルタ滞在中にヨーロッパ周辺の国を回遊すると、その美しさに魅了されました。

留学後はワーキングホリデー制度を使って海外での生活を続けようと思っていました。

そんな矢先のこと、母からメッセージが届いたのです。

「お父さん、癌だって。ステージ4みたいだよ。」

離婚後の私を受け入れ、自由にふらふらとさせてくれた大切な父。

ワーキングホリデーをする計画を断念し、少しでも父の近くに居られるよう、地元の岡崎市に戻ることを決めたのです。

帰国後も、人とつながる場所作りを

実家に戻ったものの、父は介護や看護を要しておらず、販売員の仕事に戻り、今まで通りの生活を送りました。

田舎での生活はあまりに退屈で、海外やシェアハウスでの生活のように、人と関わって楽しく生きていきたいと考えていたところ、ふと「カフェを作ろう」と思いつきました。

人と人がつながり笑顔が溢れる場所……今までの経験した点と点がつながり線となったのです。

そこで、人が集いやすいカフェと、いろんな人が個人の力を発揮できる場所としてのレンタルスペースを作ることに。

居酒屋経営をする友人に飲食店経営について相談して事業計画を始め、まずは店名から考えました。

すると、「Life is sharing.（ライフ　イズ　シェアリング）」と、マルタで出会ったスペイン人の友人の言葉が、ふと降りてきたのです。

Life（人生）は Sharing（共有すること）という彼の言葉は、カフェで実現したいことそのものでした。

彼は人との時間を共有することを大切にし、自分らしく自由に生き、多くの大切なことを教えてくれました。

たとえば、彼は父から「魚の大群が泳いでいるなか、川の流れを逆流する一人であれ」と教えられていたそうです。

「人と同じことはするな、間違っていると思うのに、周りに合わせて同調するな、自分に素直に正しいと思う生き方をしなさい」という教えで、それに忠実に生きていました。

また「Life is balance.」と私を励ましてくれました。

「人間だから、かならず良いときがあれば悪いときもある。だから心配しないで。今が悪いなら良いこともある。今がつらいなら、ハッピーになれる」とも教えてくれました。

このように、人生を生き抜くうえで大切な考え方を教えてくれた彼の言葉を、店名にしたのです。

また、私の母も昔から、ご近所さんにお裾分けをしたり、困っている人がいたら助けたりと、人とのつながりを大切にしていつも人と笑っている温かい人でした。

人とのつながりのすばらしさを教えてくれた母や友人のように、私も誰かにすばらしい出会いを提供できるよう願いを込めて、お店をオープンしたのです。

コロナ禍で人とつながるカフェオープン

コロナが流行し始めた2020年2月にカフェをオープンしたものの、緊急事態宣言が出たことで、赤字からのスタートとなりました。

側から見たら火の車で、大変な状況に見えていたことでしょう。

しかし、渦中の私は、こんなものかとお気楽に構えていました。

なぜなら、自分の選んだ人生を楽しみ、たくさんの苦難を乗り越え、「生きている限りなんとかなる」と実感してきたからです。

生きていれば、想像もしていないことが起こるものです。

それでも、一つひとつ乗り越えてきたことで、「起こったことはすべて、これからもっと良くなる予兆である」と向き合えるようになっていました。

困ったときは、環境や人、出来事のせいにせず、ほどよく自己責任で請け負います。

自分で変えられることは変え、変えられないことは「仕方ない」と建設的に物事を乗り越えるのです。

こうして、最初の1年は赤字であったものの、数字に一喜一憂せず、的確に対応していったことで2年後からは安定して経営することができるようになりました。

そうはいっても、経営をしていると、次々に問題がやってきます。

そんなときは、背伸びをせずに、等身大のまま仲間に頼ってきました。

私は経営者ですが、まだまだ未熟者で、できないことがたくさんあるため、周りの人に助けていただいているのです。

どれだけ努力しても、たかだか半人前で、経営を10年、20年と続けている相手に敵うわけがありません。

だから、経営者であるものの全知全能ではないことを自覚し、頼りないままスタッフの力を借りて経営してきたのです。

スタッフは全員、私よりも優れたところがあり、頼りになる彼らと共に作り上げてきたのです。

とはいえ、スタッフも最初のころは、自身の魅力が本人にとって当たり前すぎて気づいていないことが多々ありました。

自分にはできない、すごいことだと自覚していないことがもったいないと思い、いつも「そのすばらしさはあなただけのものであること」「あなたにしかそれができないこと」を伝えるようにしてきました。

すると、日に日に、自身が持つ価値に気づいてどんどん力を発揮してくれるようになってくれたのです。

日本で生きていると、特別な存在であり唯一無二であることを忘れ、つい人と比べてしまいます。

ですが、私たちは唯一無二の存在ですから、人と比べる必要などなく、自分らしく生きるだけでいいのです。

それに気づくだけで自分の持つものを発揮できるようになっていきます。

こうして、心強いスタッフに恵まれ、私一人ではできないことを一緒に叶えられるようになり、困ったことを解決してきました。

人と人が出会うことはまるで化学反応のように思いもしなかったことが起こり、考えもしなかったことが生まれ、見えなかった世界が見えるもの。

ですから、人と関わり合いながら生きることはすばらしいと心から感じます。

そんな想いのもとカフェを経営していると、想いが伝わり、人と人がつながるコミュニティの場となり、多くの人が訪れるようになりました。

ポジティブな想いは伝染するため、人を通じて素敵な人がどんどん訪れます。

そして、訪れるお客さん同士がつながり、笑顔になるシーンに多々出会って来ました。

これからはＡＩの時代と言われますが、だからこそ、「人と人が肌で感じ合える温もり」「目に見えないつながり」「空間」「感じるもの」が必要になるのです。

今後も、自分自身の存在意義に気づき、人がつながっていく場所になることが私の願いです。

現在では、自分の特技を活かせるレンタルスペースや、多国籍の人が集まる言語交流会(Language Exchange)などを設けて活動の場を広げています。

今後も2店舗目のカフェや、シェアハウスを作り、スタッフの夢も一緒に叶えていきたいと願っています。

すべてに共通することは、笑顔のあふれる場所。

今後もそんな場所を創り続けていき、笑顔を拡散していきます。

だから、人と笑って生きていく

多くの人との出会いのおかげで、自分を大切にし、建設的に物を考える力を身につけ、随分と生きやすくなりました。

振り返れば10〜20代のころは自分を信じられず、他人の視線ばかり気にして生きていました。

それによって、離婚やうつ病を始め、さまざまな絶望的な出来事に直面しました。

なかでも、絶望したのは、インド滞在中にある事件に巻き込まれたことでした。

精神的に極限状態を迎え、自我を失い、自分が誰なのか、誰が敵で誰が味方なのかわからないという極限の精神状態を経験したのです。

この時、世界は一気に表情を変えました。

それまでは素敵な場所に見えていたその街、人が怖くてたまらなくなったのです。

肩をすくめて震えながら街を歩くと、近寄ってくる人がすべて悪人に見え、怖くて震えが止まらなくなりました。

帰国後、後遺症により寝たきり生活になった私を助けてくれたのは友人や家族でした。

友人や家族のおかげで、ふたたび世界が安心できる、美しい場所へと戻ったのです。

この絶望と、そこからふたたびはい上がった経験を経て、この世界は二面性を持っていることに気づきました。

自分の心が変わった瞬間に世界は色を替え、真っ黒に見えるものです。

そして、立ち直った瞬間に、目の前に広がる景色は何も変わらないのに、美しく優しい世界へと変わったのです。

丸いものは見方によって三角にもなり、四角にもなる。

街の景色、人々、外の世界は何も変わらないのに心が変わるだけで景色が変わる。

それは、自分の世界をより良いものにできるのは、自分の心のみであるということ。

どんなに困難の中にいたとしても、どんなに不自由な中にいても、心は自由であるということ。

つまり、自分の捉え方次第で世界は良いものにもなり、笑えるようにもなるという究極の真理にたどり着いたのです。

そう思って生きることで、どんなことでも楽しむことができます。

人と人が出会うとポジティブなこともネガティブなことも生まれます。

人といることで傷つけられることもあるでしょう。

それでもやっぱり、私は、人と生きる人生を選びます。
Life is sharing. ですから。

人といることでしか、感じられない喜びが、この世にはあるのです。

同じ時間を生きるなら、少しでも笑って生きていく。

そしてどうせ笑うなら、誰かと一緒に笑い合う。

毎日、ああ今日も良い1日だったと言い、自分が死ぬその最後の一瞬まで誰かと一緒に笑えるように。


これからも、大切な人々と豊かな時間を共有し続けていくのです。

Message

「わたし」のブレイクスルー

他者のために生きてきた自分、
シェアハウスで人生リスタート
帰国後も、人とつながる場所作りを
コロナ禍で人とつながるカフェオープン
だから、人と笑って生きていく

安藤優美さんへの
お問合わせはコチラ

BYOURSSON オーナー
婦人服セレクトショップ経営／アパレルオリジナルブランド主催／イベントスペース事業

井上美幸

大企業の安定を捨て、好きなファッションで起業！セレクトショップオーナーのワクワクを伝染させる秘訣

Profile

1971年、大阪府出身。短大卒業後、大手損害保険会社に就職し22年間勤務。44歳の時、婦人服のセレクトショップ「ＢＹＯＵＲＳＳＯＮ」をアパレル業界未経験で開業。独自の世界観の表現と装う楽しみを発信することで、ＴＶ番組の衣装協力や雑誌等メディアに取り上げられる。全国の百貨店にて期間限 定ショップを開催。2023年よりオリジナルブランド「キュリオス」を始動。コミュニティカフェ「松風亭」を夫と共に 開業しイベントを企画開催。今後は女性を応援する為の起業セミナー会など活動の幅を広げていく。

1日の
スケジュール

Morning

7:30 起床・家事・新聞を読む

9:30 スポーツジム、散歩。展
会開催期間は会場回り、
数社と商談

11:45 通勤

12:30 営業準備

13:00 開店　接客、事務処理、SNS更新

18:30 閉店、事務処理、SNS用の画像撮影。
展示会開催期間は、会場回り、商談

20:00〜21:00 帰宅

23:30 SNS更新や
チェック。
お問い合わせの
DM確認。
事務作業

25:00 就寝

Afternoon

「安定第一」で大手保険会社に就職

「大企業に入社して安定した生活をする」と、夢や自己実現より現実で生きていくことを重視した新卒の就職活動。

当時、安定の代名詞であった金融機関や保険会社を中心に就職活動を進めました。

同時に「洋服の仕事がしたい」と密かな憧れがあり、百貨店の採用試験も受けたのです。

結果として大手損害保険会社と、百貨店から内定をいただき「好き」を取るか「安定」をとるかの選択を迫られました。

悩んだ挙句、「大企業」「安定」を選び、大手損害保険会社に入社。おもな仕事は数字管理やチームリーダーとして後輩指導、育成でした。

多忙ながらも、取引案件が評価されたり、社長表彰をいただいたりと「目標を設定して達成する」というプロセスにやりがいを感じていたのです。

しかし、入社12年目にして、人生を変える出来事が起こりました。

夫が心の病で日常生活を送れず無職に。それにより、人格まで変わってしまったのです。

そんな彼を支えようと大黒柱として働き、家事も身の回りのお世話もしましたが、３年ほど経った頃、心身共に限界を迎えました。

そして、裁判所の調停制度を利用して離婚することにしたのです。

離婚が成立した時、調停員の方が「たくさんの方があなたにとっての幸せを考えて動いてくれました。これからは自分の人生を歩いていってください」と声をかけてくれました。

順調な人生から一転、離婚を経験したことで、これからの人生をしっかり歩こうと心に決めました。

ちょうどその頃、スポーツジムでダンスインストラクターにスカウトされ、自分の人生を歩む第一歩だと思い副業で始めました。

心が思うまま踊ると、本来の自分が解き放たれたような心地良い感覚を覚えました。

ファンもでき、自己表現の場で評価されたことで組織の一員ではなく「自分らしさ」を認められたことに言い知れない喜びを感じたのです。

次第にもっと自分を表現しようと思い、着たいものをきて、食べたいものを食べるなど、自分の本心が求めるものに忠実に過ごすようになりました。

そんなとき、今の夫と出会い、再婚。再び安定を得て、穏やかな人生を取り戻しました。

ところが、ここで再び試練が訪れました。

社内異動の辞令が出て、予期していない部署に異動することになったのです。

何事も経験だと必死で働き、早朝から日付が回る頃まで会社にいる日々を送りました。そんな日々が続くと、ふと「この歩道橋から落ちてケガをすれば会社を休めるのに」と思うようになってきたのです。

ある日突然息ができなくなりました。病院へ行くとパニック障害との診断が出てしまい、やむを得ず休職することとなったのです。社会人になってからこれほど長い休暇を取るのは初めてのことでした。

そして、この長い休みを機に人生を見つめ直すようになりました。

「企業に所属し頑張り続ければお給料も、退職金ももらえる。でも、また体を壊すかもしれない。それは安定とは程遠いのではないか」と思うようになりました。

体調を崩してはじめて、健康で過ごせることは何事にも変えられないほど大切だと感じたのです。

体のためにも「自分らしさを表現する」「好きなことを仕事にする」ことを重視し「ファッションの仕事がしたい」と思うようになりました。

しかし、どうすれば好きなことを仕事にすれば良いのかわからず、まずは社会復帰せねばと思い、パニック障害から約1年8ヶ月で復職。

その1年後、「もう思い残すことはない!」と思い退職し起業に向けて動き出しました。

念願のセレクトショップ開業へ

退職後、ファッションを仕事にしたいと思うものの、具体的には何をすれば良いのかわからずにいました。セレクトショップを開きたいけれど、未経験ではできないだろうと思っていたのです。

そこで、私服を紹介したブログを書いたり、友人にコーディネートを提案したりとスタイリストのような仕事から始めました。

ファッションに関わることは楽しかったのですが、違和感がありました。

この違和感の原因を突き詰めるため、「セレクトショップに入った瞬間のワクワク感」を思い出しました。

一歩お店に踏み入れると店主の目利きで選び抜かれた洋服の数々、そこで感性をくすぐるものと出会えた高揚感がたまらないのです。

「お店を通じて私も誰かをワクワクさせられたらどんなに素敵だろう」という気持ちになり、セレクトショップを開業することに決めたのです。

そこで気になるお店を調べては足を運び、素敵だと感じたお店に何度も通いました。

顔なじみになったタイミングで「いつか自分のお店を持ちたいのです」と話しかけるようにしてみたのです。

するとある店主さんが「お洋服は展示会で仕入れます。関係者しか入れないのでこちらをどうぞ」と招待状をくださったのです。

そこで、アパレル会社が何社も集まる展示会に行くためには、自分を売り込むための肩書きが必要だと思い、夫に相談しました。

「お客様の話を聞いて、数ある洋服のなかからその人にふさわしいものを提供する仕事……『ファッションソムリエ』なんてどう」。

その一言にピンときて展示会で自己紹介の際に使うことにしました。

すると、肩書きが糸口となり、話が弾み、「ファッションソムリエ」として新しい扉が開かれていったのです。

それからは招待された展示会にはかならず足を運び「アパレルでお仕事をしたことがなく、知識がないので色々教えてほしい」と伝え、たくさんのことを教わりました
知らないことや教わったことはすべてメモを取るようにしていると「あなたからはとても誠意を感じ、開業する熱意と本気が伝わる」とおっしゃってくださる方も。

ネットで簡単に調べられ、人とも効率良く連絡ができる時代ですが、足を運んだからこ

そ生の声を聞くことができ、貴重な情報を得られたのです。

直接会うことで信頼関係を築くことができ、セレクトショップの開業が大きく現実に近づきました。

ところがいざ、開業をしようとした時、両親の猛反対を受けました。

娘の初めての大冒険に心配をしたのでしょう。両親に心配をかけないよう「借金せず自己資金で開業すること。ダメと思ったらすぐに廃業する、そのためにも小さく始める」と約束して小さく始めたのです。

微々たる自己資金のほとんどを洋服の仕入れに費やしたため、物件は低予算で探しました。

しかしながらピンとくる物件がなく、アルバイト勤務をしていた会社に、ずっと勤めた方が良いだろうかと諦めの気持ちが心をよぎりました。

すると、夢に向かって応援をしてくれている上司から「長年勤めていた大企業を退職したのに。その程度の情熱ならもう夢は諦めたら」と言われたのです。

負けず嫌いの私の性格を熟知し激を飛ばしてくれたのでしょう。

その言葉で覚悟が決まり「年内には物件決めます！　それで決まらなければ夢は諦めます」と宣言したのです。

するとその瞬間、数年前に切り抜き手帳に挟んでおいた新聞記事を思い出しました。

それは古いビルをリノベーションした小さな空間で、賃料を抑えて借りやすいビジネスを始める方の第一歩を応援するという取組みを紹介したものでした。

すぐに問い合わせたもののすでに満室で空く予定がない状況。

しかし諦めずに「ここでお店をする、きっと縁ができる」と念じると1ヶ月後に奇跡的に物件が空いたのです。

やっと出会えた愛おしい4坪の空間を、沢山の方に育ててもらえるよう手作りで整えました。自分達でペンキを塗り、一人用のサウナを改造してフィッティングルームを作り、私の感性を表現したのです。

備品も高価なものは選ばず、家庭で使えそうなものなど身の丈に合ったものを選び、最小限の資金でお店が出来上がりました。

未経験でも開業にこぎ着けることができたのは「人と会う」「常にノートにメモをして、向き合う」「思いを口に出す」この3つの行動で、自分の本心を知り、多くの人が助けてくれたからでしょう。

こうして経験も資金もないまま夢の「感性が詰まったお店」を開くことができたのです。

未経験だからこそできる！

オープン当日、お店の前の廊下はお花で埋め尽くされ、たくさんの方が駆けつけてくれました。

「ずっとセレクトショップやりたいと言うてたよね。夢が叶ってすごいよ」と訪れた人が口々に言ってくれるのです。

こんなにたくさんの方に言いふらしていたなんてと自分でも驚くほどでした。

しかし、オープンから1ヶ月ほど経つとピタッと客足が止まり、誰も来ない日が何日も続きました。

いわゆる「お祝いご来店」が一段落したのです。

築60年の小さなビルの3階の一室、エレベーターもなく、隠れたくないのに隠れ家となっていたのです。

夢を叶えお祝いをされる瞬間を過ぎた時から、現実を突きつけられました。

ハンガーに掛かっているお洋服を見て、どんなに素敵なお洋服でも、売れなければただの在庫であることにぞっとしました。

「誰も来ない、どうしよう」と弱音を吐き大泣きする私の話を、遊びに来てくれた友人が静かに聞き続けてくれました。

包み隠さず弱音を吐くうちに「悲しんでいても過ぎて行く時間は同じ。どうしたら来てくださるかを考える方が有意義だ、最後はお店を畳むだけ」と開き直ることができ、とにかく行動することにしました。

そこで始めたことが「発信」です。

当時流行り出していたインスタグラムを始め、ブログには開業まで道のりやお洋服に対する思いやファッションへの考え、時にはプライベートの話も交え「想い」や「人となり」を伝えたのです。

すると、大阪府外のお客様からも、ずっと応援していましたと、ご来店くださるようになりました。私の知らないところで応援してくれている人がいることを知り、お店を続ける原動力になりました。

遠方から足を運んでくださる方に理由を聞くと「ここのお洋服を着ると何かが変わりそう」「安定した会社を辞めたアパレル未経験の店主に勇気をもらえそう」などと話してくださいます。

その時、「そうか、自分を変えたいとご来店される方が多いのか」ということに気づきました。

そこで、内面に寄り添った洋服の提案を一層心掛けるようにしたのです。服はただ着るだけではなく、心の状態まで変えてくれる魔法のアイテムであること。好きな洋服を装うことでパワーをもらえるため、辛い時こそ、好きな洋服を着るといいことなどを伝えました。

そして、そのお客様の内面がもっと輝く服を提案し、素敵に変身されていく姿に喜びを感じる毎日を過ごすようになりました。

すると徐々に口コミによるご来店が増え反響を呼び、メディアでの取材、テレビ番組の衣装提供など活動の幅が広がりました。さらに新卒時に内定を頂いた老舗百貨店さんから限定ショップを開く依頼をいただき、大きな自信に繋がりました。

こうして、外部での活動も広がり、ショップへのお客様も増えていったのです。

今はたくさんのお店がありネットでも簡単に洋服を買うことができる時代です。そんななか、当店のために時間を作ってくださる方に「ファッションは楽しい！ 明日も頑張ろう」と感じていただける空間を提供し続けていくことが使命だと、より一層思うようになったのです。

すべての経験が、人生を切り開いていく力となる

開業当初から、「将来セレクトショップをするのが夢」「未経験でどうやって開業したのか」というメッセージをたくさんいただきます。それほど、お店を持ちたいという夢をもつ人が多くいることを知りました。

しかし、本当にあなたがこれからお店を開きたいと思うのであれば、「何を売りたいのか」「何を叶えたいのか」と自身に尋ねてほしいのです。

正直にいうと、今のアパレル業界は、右肩下がりの一途をたどっています。

コロナ禍による打撃は弊店も例外ではありませんでしたし、ECサイトの市場規模の拡大、ファストファッションの高品質化などで、セレクトショップ経営を取り巻く環境は厳しいものです。

だからこそ、「物」の「付加価値」が大切なのです。

お客様がその「物」を通じて「何が欲しいのか」をよく考えてみましょう。

そのうえであなたは、「どんな価値を提供するのか」と自身に尋ねてほしいのです。

私はセレクトショップを通じて「お店に入った瞬間から新しい自分と出会えるワクワ

ク」を提供しています。

服の販売を通して「自分を見つめ直し、なりたい自分を探し、夢に近づけてくれる装備」を提供しているのです。あなたがお店を開く際には、そのお店が何を提供する場なのかを考えてみてくださいね。

また、お店を開く際に、未経験であることに不安はつきものですが、まずは飛び込んでみましょう。未経験であることは不利だと思っていましたが、知らなかったからこそできたこともたくさんあったのです。

アパレル経験者の方は「お店を持ちたくとても、在庫を持つことの大変さや内情を知っていると怖くて踏み出せません。それをこの隠れ家でやってしまうのは、未経験だったからでしょうね」とおっしゃいます。

未経験だからこそ、何とかやってみようと素直に動くことができ、その姿勢をたくさんの方から応援してくださったからこそ形になったのです。

大切なことは経験の有無ではなく、情熱と行動がどれだけ人に伝わるかだと実感しています。

最後に、現在新たな「未経験」に挑もうとしています。

それはコミュニティカフェを夫と一緒に運営していくことです。

かねてから、ショップでは「新しい私と出会う」ことをコンセプトに、お食事会、開運セミナー、落語会、ライブ、お客様の作品展、お披露目会などを開いてきました。

これらをもっと常時開催できないかと思っていたところ当店のすぐ下の階の物件とご縁ができたのです。

女性はさまざまな役割があり、本来の自分を表現できないまま社会や家庭にふさわしい自分の仮面をかぶり生きている人が多くいます。

そんな人が誰にも遠慮せずに思う存分おしゃれをし、自分を表現できる場所があったら素晴らしいと思うのです。これまで支えてくださった人への恩返しの意味も込め、女性のパワースポットとなれるよう展開していきます。

カフェ経営は未経験ですが、人生一度きりですから後悔しないように挑戦するのです。

思い切って飛び込んでみると、新しい扉を開けることは意外に軽いもの。

あなたも「未経験」で飛び込んでみてくださいね。

今までの経験がすべてつながり、思った以上の力を発揮してくれるはずですから。

Message

「わたし」のブレイクスルー

大企業という安定を捨て、
未経験で夢を追いかけた。
既知よりも、未知へのワクワクを求め、
裸足で走り出したあの日が、
私にとって最高のブレイクスルーだった。

井上美幸さんへの
お問合わせはコチラ

株式会社UsagiGroup 代表取締役／日本美習慣協会 代表理事
健康茶の開発販売／人材育成／起業コンサル

大戸 もも

飲食店経営で成功するも腸破裂で入院。本来の自分に戻り内面から輝く「美習慣」を生み出すまでの軌跡

Profile

1982年、鹿児島県出身。株式会社UsagiGroup 代表取締役、日本美習慣協会代表理事、HACHI PRODUCTION 代表。大学卒業後３年間のアパレルメーカー勤務を経て26歳の時バーを開業。その後３店舗にまで拡大するが体調を崩し入院を機に健康食品の開発販売を始める。また７万人以上を接客してきた経験と起業15年の経験を活かし、現在は様々な人材育成や起業コンサルなど５つの事業を手掛けている。

1日の
スケジュール

Morning

7:00 起床・ラジオ体操

7:30 掃除

8:00 セルフミーティング

8:30 出社

19:00 帰宅・夕食（又は会食）

21:00 zoomミーティング

22:00 お風呂・ストレッチ

24:00 就寝

Afternoon

今の行動の積み重ねが未来を作る

手元に残ったのは「結婚資金」だけという、絶望の渦中にいた26歳の春。

大学卒業後、アパレルメーカーに就職し営業で好成績を打ち出したものの、上司の嫌がらせや過重労働により鬱病になり休職。

同時に婚約者とも破局し、すべてを失いました。

結婚生活を夢見て貯めていた資金だけが残り、呆然と通帳を眺めていました。

そんなある日、ふと吹っ切ることができ、「私の人生、好きなように生きよう」とその資金を使い、起業を決意したのです。

とにかく起業をすることが先立ち、事業内容はそこから考え始めました。

過去を振り返るなかで、大学在学中働いていた会員制クラブでボトル売上1位だった経験や接客の楽しさを思い出し、バーを開業することに。

翌日には退社を申し出て、事業計画を作り、飲食店3軒掛け持ちアルバイトで経営を学ぶ毎日でした。

「起業なんてできるわけがない」という両親や友人らの反対を押し切り、一年で開業資金を貯め、お客様の名刺を千枚集め、良い物件を決めるなど強行突破で開業しました。

初めて手にする数百万円の契約金に、手が震えたことを今でも覚えています。手続きや営業許可、仕入れなど手探りで進め、希望と不安が入り混じるなか、なんとかオープンに漕ぎ着くことができました。

開業してからは定休日も作らず、朝まで営業をする毎日。するとと、「家賃分は呑みに来るよ」「暇な時は連絡くれたらすぐ来るからね」と常連様が増えていきました。

スタッフにも恵まれ、多くの方のお陰で繁盛し、バーを拡大移転しました。それからは、２店舗目に小料理屋、３店舗目にカフェを展開と、波に乗っていきました。周囲の方々のお力添えが一番の要因ですが、すぐに行動に移したことも功を奏したのでしょう。

成功する方の共通点は行動の早さだと知っていたことから、思いついたらすぐに行動に移したのです。

料理屋をやろうと思ったらすぐに開く準備に入り、カフェもやってみたいと思ったらメニューを考えるなど、行動を起こしたことで形になりました。

意識はどうしても未来や過去に向かいがちですが、今が今日を作り、今日が明日を作る、つまり、「今」の積み重ねが未来につながります。

ですから、今思いついたことがあれば、かならず「今」行動に移すのです。

夢や願望で終わらせるのか、それとも現実にするのか、その違いはまず「行動するかどうか」という、成功者らの言葉を信じて実践することで、確信するようになりました。

多くの人は、全力で頑張ってもがっかりするような結果が現れることを恐れ「傷つかない為の隙間」を作るようになります。

私にできるわけがない、所詮そんなもんだろう、などと行動を制限しているようです。

本当は全力で頑張り、行動したいと思う気持ちがありながらも、傷つくのを恐れ、なるべく傷つかないようなちょうどいい隙間を作ります。

そして、「やらない理由」や「あきらめる理由」でその隙間を埋めてしまいます。

しかし、行動してみなければ何もわかりません。起業も仕事も恋愛も、予防線を張って生きるより、希望を信じて行動を取りましょう。

起業をすると「行動」に移すだけで想像よりも簡単に次の展開が訪れていきます。

それは、行動した人だけが知る軽さなのです。

形にしたいものがあれば躊躇せず行動に移してみてくださいね。

人生の土台となること

3店舗に拡大し、事業が成功の一途をたどる矢先、最初の試練が訪れました。1日の半分以上アルコールに支配され、不摂生とストレスが溜まっていた身体が悲鳴をあげ、腸が破れてしまったのです。

すぐに入院することになり、10日間の絶飲食を余儀なくされ、あまりの空腹で病室の窓から見える公園の木がブロッコリーに見えたほどでした。

しかし、この出来事がその後の人生を変えるきっかけとなったことはまぎれもない事実です。

それまでがむしゃらに走り続けていたせいで、自分の体や心に意識を向けてはいませんでしたが、この入院が自分の人生を見つめ直すターニングポイントとなったのです。

起業して感謝や御恩を知る一方で、一国一城の主であるプレッシャー、商売の難しさ、組織のなかで守られていた事実を突きつけられました。

いつからか「こうあるべきだ」「こうでなければならない」と、本来の自分以上の自分で虚勢を張るようになっていました。

重たい鎧を着てブカブカの靴を履いて、一生懸命背伸びしているのに平気なフリをしてお客様が求める私でいなければならないと思い込んでいたのです。

偽りの自分に人生の主導権を握られ、本来の私が鎧のなかで小さく体操座りをしているようでした。

病院で鏡に映った自分を見ると、痩せこけて目にくまができ、口角は下がり理想の自分とはほど遠いことに驚愕しました。

そして、それが本来の私の姿なのだと現実を突きつけられたのです。

心と体は繋がっているという通り、心もボロボロだったことを体が教えてくれたのです。

私が頭の中で「自分」だと思っていた「華やかな自分」は、人からこう思われたいという「鎧をつけた自分」だったことを思い知らされました。

社会で生きる以上、常に本来の自分でいられる訳ではなく、鎧が必要なときもあります。

しかしながら、重すぎる鎧は自己を苦しめます。

本当は必死で不安と戦いながら経営し、怖くて休むこともできなかったのに、お客様の前では成功者らしい鎧を被り、弱音を吐けませんでした。

「人からどう見えるか、人から幸せに見えるか」にとらわれて本来の自分を見失い、見せている自分と本来の自分との間にギャップが生じていたのです。

この時に現実の自分から目を背けず、ありのままの自分を受け入れることにしました。

これを機に、心の奥で蓋をされていた本来の私と、何が本当の幸せなのか自己対話をしました。

すると、「自分のペースで歩みたい」「心も体も美しくいたい」「日々を丁寧に健康に過ごしたい」「自分で自分を幸せにしたい」などの願いが出てきたのです。

本来の私は、日々を丁寧に、心の体も美しく過ごすことを望んでいたのでしょう。

それは、毎日徹夜で休まずに必死できらびやかな生活をしている姿とは真逆でした。

確かに行動を取ることで望む形を作ることができます。しかし、その望みが「本来の自分の願望」なのか「誰かに期待された自分を作り上げるための偽物の願望」なのかを見極める大切さを知りました、

事業が成功の一途をたどるうちに、本来の自分が求めているものではなく、世間に求められているものを作り続けていたことに気づいたのです。

今度は私の心が求めるものを作るために行動しようとお店をすべて閉店しました。

3店舗の経営者という、成功を手放すことは勇気のいるものでしたが、幸せは本来の自分の上にしか成り立ちません。目の前に映る自分が本当の望みを教えてくれ、1年後、10年後どんな自分が鏡に映っていたいのかを教えてくれたのです。

逆境がくれたプレゼント

体調を崩して、自分の心と体の大切さを思い知ったことで体と心の健康に興味を持つようになりました。

健康法や心理学など千冊もの本を読み、セミナーに参加し、幅広い分野の知識を身につけました。

その結果、たどり着いたのが「習慣」の大切さでした。

そして、心理学、脳科学、コーチングを融合させた「習慣」に紐づく独自のメソッドを考案し、「日本美習慣協会」を設立しました。

美習慣とは、自分を知り自分に合った心と体がキレイになる習慣のことを言います。

「自分で自分を幸せにする力」を身につけることを目的とし、人生の土台を作っていくのです。

同時に、家で簡単に習慣にできる商品をと、オリジナルのブレンドティー「エクラス茶」を開発しました。

身体のサビの原因になる活性酸素除去酵素がルイボスティーの約30倍入っています。

私が風邪知らずで実年齢より若いと言われるのは、このエクラス茶のお陰です。

そこでこの事業を広げようと、博多駅前の好立地に事務所を構え、人材も雇用し展開し始めました。

ところが、いざ始めてみると、経験がない事業で拡大する方法がわからず、協会もエクラス茶も鳴かず飛ばずという結果に。

毎月百万円近い赤字が2年以上続き、銀行の借入れもストップ。右腕だった社員は状況を察してくれて自己退社するという状況を招いてしまったのです。

ついにお財布の中身は所持金50円となり、自動販売機の水すら買えなくなりました。

あるのは2千万円もの借金のみで、月末の支払いが近づくと眠れない日々を送りました。

「もうダメだ」と諦めかけた時、起業時に反対していた親友と母が手を差し伸べてくれました。

親友がお金を工面してくれ、母は「ここまで頑張ってきたのだからここで諦めないで」と20歳の頃からコツコツと払ってきた生命保険を解約してくれたのです。

情けない私をずっと見守り手を差し伸べてくれる人がいることに「もうやるしかない。絶対に恩返しする」と腹をくくりました。

それからというもの、変えられない状況に悩むのを辞めて、どうすれば売上につながるのかに集中して、行動に移しました。

アルバイトをして資金を作りながら、できるだけ多くの方に会い、店舗に売り込みました。するとついにエクラス茶が大手百貨店のバイヤーさんの目に留まり東京進出が決まったのです。

毎週東京へ行き、店頭で試飲販売すると常に完売し、売上も伸びていきました。ところがこれからさらに拡大をしていけると希望が見えた時にコロナが蔓延。試飲販売が中止になり、またもや頭打ちにならないよう対策を取ろうと、ネット販売に切り替えました。

すると、百貨店が認めてくれた実績が信用に繋っていたことで、ネット販売でも売り上げが伸び、主力商品となっていったのです。

その後も二日酔い予防サプリ「#なにコレうこん」を開発し半年で6万個の売上を上げました（現在は「なにコレ株式会社」に事業譲渡）。

身体からの習慣の大切さをエクラス茶で伝えるうちに、日本美習慣協会の美習慣メソッドにも共感していただけるようになっていきました。

オンラインで対応したことで全国からの受講者が増え、コロナ禍だからこそ「周りに振り回されない自分の幸せや在り方を学ぼう」と認定講師になる方が増えていきました。

そして、美習慣メソッドが認知されるにつれて、ミスジャパン福岡のメンタル講師や企業様の人材育成に携わる機会も増えました。

こうして、逆境に見える出来事から、次の扉が開かれていったのです。

逆境の渦中にいる時はただただ大変でつらくて、簡単には受け止められないものです。しかし、人生に起こるすべての出来事は、必要なタイミングでやってきます。

良いことも悪いことも神様はちゃんとメッセージを添えて、ちゃんとタイミングを見て与えてくれます。

一見、無駄だと思うことや、大変でつらいと感じることが大きなギフトなのです。

「人はネットで注文したもの届くと信じるのに自分が願ったことは届くと信じない」という言葉をある本で知りました。

私もいまだになかなか届かない願いや憤りを感じることもありますが、そのことには意味があり、いつか届くと信じています。

あなたもネットで注文するのと同じように、今願っていることはかならず届くと信じてみてくださいね。もしも届かないのであれば、ちょっと時間がかかっているだけかもしれません。点と点が繋がったとき、かならず届きます。ベストなタイミングで。

なりたい自分を手に入れる方法

健康と自分を見失い、お金に翻弄され、人間関係のトラブルや葛藤など書ききれない程の経験をした起業からの15年間。

これまでの学びを伝える使命を感じ、起業コンサルティングをするようになりました。

15年間の経験から、起業に近道はないものの「最短」があることがわかったのです。

多くの起業家の前に立ちはだかる壁は、ブランディングと集客です。

以前の私と同じように、どのようにビジネスを広げたら良いのかわからないという方のために、何かできる事はないかと考えていたところ、福岡のスタジオ会社から業務提携のお話がきました。

そこで、すでにフリーランスや経営者として活躍している方やこれから起業する方を対象に、ビジネスに必要なマインドセット、経営ノウハウ、ＳＮＳ発信、コンテンツ制作などを提供するビジネスの為のプロダクション事業「HACHI PRODUCTION」を立ち上げました。

漠然とした不安をかかえている起業家や経営者が多い中で、経験と実績に基づき起業の土台作りから認知拡大のＰＲまで幅広く学ぶことができます。これまで私が行ってきたことがこのプロダクション運営に繋がり、またもや点と点が繋がることになったのです。

現在ではエクラス茶の販売、日本美習慣協会を主軸とする人材育成、起業コンサル、プロダクション事業、脱毛サロン運営の５つの事業を手掛ける経営者となり、なりたかった自分が今ここにいます。

結婚資金を全部使い切ったあの時の自分に「よくやった」と言いたいです。

あなたはどんな人生を生き、どんな自分になりたいですか。

詰まるところ、生きたいように生きれば良く、その答えは自分の中にしかありません。

今の自分を超えろという精神論でもなく、願えば叶うというスピリチュアルでもなく、「人生を終える瞬間に大満足の人生だったと思うのか、腹八分の人生だったと思うのか」自分で決めて選んだ道を強く生きてほしいのです。

どの道に進むのかは自分次第で、自分がハンドルを握るかどうかが大切です。

もしあなたが今の自分に満足しておらず、別の自分になりたいなら、それはまだこれから今以上に手に入れられる未来があり、何か変えてみる必要があるということ。

今の体型に満足していないなら食生活を変えてみる。

今の収入に満足していないなら働き方を変えてみる。

今の自分そのものに満足していないなら思考そのものを変えてみる。

他人は変えられませんが自分は変えられます。

人は知らず知らずのうちに、やらない言い訳やできない理由（例えば、時間がない、人見知りなど）を作って自身にハンディキャップを与えて正当化しますが、変わるにはそれらを手放すしかありません。

自己対話をして、現在地を受け入れ、なりたい自分を明確にして行動を積み重ねていく。

そうすることでなりたい自分と未来に近づきます。

選択が変われば行動が変わり行動が変われば現実が変わります。

もし変わらないとしたら、自身が勝手に可能性に制限をかけているだけなのです。

私もまだまだこれからの自分の可能性を信じています。

同じように皆様の可能性も心から信じています。


最後になりますが、今の私があるのは、色々な方々の応援や支えがあってこそ。

起業して以来、「ご恩ノート」として感謝したい人に「ありがとう」を綴り続けています。

今そのすべての人に伝えさせてください。

「ありがとう」

Message

「わたし」のブレイクスルー

虚勢を張り、鎧をかぶって頑張り続けた。
鏡に映った自分の姿は、やつれ果てていた。
重すぎる鎧を脱ぎ捨て、
本来の自分そのもので
軽やかに生きることを選んだその瞬間。
美しい未来が広がったのだ。

大戸 ももさんへの
お問合わせはコチラ

株式会社カルチャリア 代表取締役
組織コンサルティング／企業研修

奥山 由実子

ニューヨークで起業、
持株比率の失敗を経て
3社目を設立。
日本の働き方に挑む
女性社長の想い

Profile

1964年、東京都出身。研修専門会社で企画営業、マネジメントを担当。1993年ニューヨークにて人事コンサルティング会社を設立。2006年6月東京帰国。1社企業を売却後、2017年、株式会社カルチャリアを設立。2800社以上にのぼる在米日本企業、日本国内の企業に社員研修と人材育成のためのプロジェクトを提言だけでなく、ニューヨークでの起業時からの夢でもあった、人々のハピネスに関連する事業に従事している。
Are You Happy?

1日の
スケジュール

Morning

6:00 起床・犬と海に散歩・ビーチでコーヒー

9:00 在宅で仕事スタート
週2回麻布十番のオフィスワークとクライアント訪問

18:30 クライアントやパートナーと会食

23:00 帰宅

23:00 お風呂

23:30 就寝

Afternoon

28歳、最初の起業。ワクワクがあふれる毎日

浅草の呉服屋に生まれ、洋服や着物が大好きで服飾デザイナーを夢見た学生時代。服飾系の大学に進学し、卒業後はアパレルメーカーで販売員としてキャリアをスタートしました。

夢にまで見た業界で精力を尽くしましたが、現実は男性中心の組織体制だったため、女性としてキャリアアップをしていく見通しがつかず退職しました。

その後、イギリスへの語学留学を経て、実力主義をうたう会社を渡り歩きましたが、どこへ行ってもアシスタント業務ばかりでした。

社会に出て、女性であることの障壁にぶつかり、やりきれない気持ちを抱えていたのです。

そんななか、主婦から起業した女性社長が経営する英語研修会社に就職しました。

「あなたの思うようにやりなさい」と言われ、法人向け英語研修プログラムの提案をしたところ、実績に見合った評価をしてくれました。

社会人として初めて評価されることへの喜びを感じ、夢中になって働きました。

この会社の社員は、私に限らず誰もが生き生きと働いていたのです。

入社当時は5億程度だった会社の売上は70億まで跳ね上がり、「社員のやる気次第で会社は成長できる」ということを体感しました。

27歳の時、念願のニューヨークへの赴任を果たし、現地でもやりがいを持って働いていました。

そんなある日、思いがけない誘いを受けました。同僚だったアメリカ人2名から「一緒に起業をしないか」という声をかけていただいたのです。

働きがいを与えてくれた会社を離れることに迷いはあったものの、同僚の起業家精神に影響を受け28歳で退職し、開業に向けて動き出しました。

個性や実力が尊重されるアメリカには起業しやすい環境が整っています。

とはいえ、倒産率も高く、毎年25%のスタートアップ企業が倒産するという現状も。

創業メンバーはみな起業の初心者。成功する保証はありませんでしたが、まずはやってみようと、毎日近くのカフェで会議をする日々が続きました。

事業内容は、北米進出した日本企業のコンサルティングです。

当時、北米へ進出する日系企業は1万5千社以上ありましたが、進出しても撤退するケースが多くを占めました。

それは、日本とアメリカでは人事制度や雇用制度が異なり、現地社員をうまくマネジメントできなかったことが敗因と分析しました。

英会話はできても人事に必要な用語や、現地社員と交渉する術を知らないのです。そうした在北米日本企業に向け「人事コンサルティング」や「異文化コミュニケーション研修」を提供するという事業を開始しました。

これまでの経験から、サービスと営業力には自信があったのです。営業は地道な作業がすべてと「Come to America」というアメリカ版四季報をもとにAからZまで電話をかけ、のべ400社とアポイントを取りプレゼンをしました。ところが、そこから契約にいたったのはたった2件のみ。経験もスキルもないコンサルティング会社からサービスを買う企業などないと、思い知らされたのです。

私の貯金300万を元手にスタートしたものの、1年間は鳴かず飛ばずで、資金が底をつき地をはうような生活が続きました。

そんな状況に耐えられず、会社員に戻る道を選んだメンバーもいました。安定した給料を得た彼にご飯をおごってもらうことも多々ありました。

その後、起業メンバーと結婚しましたが、待っていたのはパスタに塩をかけて食べる質素な新婚生活でした。家にあるブランドもののバッグや服、靴、最後はソファーやベッドなども売り、事業資金にして、何もない部屋で暮らしたのです。そんな貧しい暮らしでしたが、「いつかこんな会社に」「社員もたくさん雇おう」「こんな家に住もう」などと、夫と夢を語り合うことが楽しく、輝いた日々でもありました。

起業から3年目のこと、「ある日」を境に徐々に契約が取れるようになり、会社は軌道に乗り始めました。(その日のことは後ほど詳しくお話しします)

そして、マンションの1室からミッドタウンのオフィス、最後は1棟のタウンハウスを借りるまでに成長したのです。

そう、起業時に夢にまで見た、窓には綺麗なお花が咲いているマンハッタンのタウンハウスでパートナーと語り合った夢の家に住むことになったのです。

しかし、それと同時に公私ともにパートナーであった夫と、経営観や人生観のすれ違いが起こるようになりました。

24時間10年以上一緒にいた私達は限界を迎え、別れを決めたのです。

会社をそのまま彼に譲渡し一人で日本へ帰国しました。

持ち株比率51％を取られた社長の行く末

帰国後、ＮＹ時代の経験も活かせる人事コンサルティング事業を軸に2社目を作り始めました。

15年ぶりの日本で、ビジネスを一人で進めていくことに不安があったことから、投資家と組むことにしました。

私が代表取締役社長として事業を始め、順調に業績を伸ばしていきました。

ところが、あるとき投資家が51％以上の株を持っていることに気づいたのです。

代表取締役は私であるにも関わらず、経営権はいつの間にか投資家に移っていたのです。

自身のサービスを多くの人に提供したいという熱い思いがあったのに、いつの間にか、かじが取れなくなっていることに驚愕しました。

痛い経験をして「51％以上持っていない者の弱さ」を初めて知ったのです。

この時、持ち株をすべて売却し、会社を去りました。

1社目も2社目も失敗し、社長であるにも関わらずなぜ身を引かなければならないのか。

悔しさと怒りで訴訟をすることも念頭に置き、先輩の女性経営者に相談しました。

すると「51%持ってないならそれはあなたの会社ではない。経営しているのはその人だ」とピシャリと言うのです。

自身の未熟さと無知を呪い、どうにかできないかと食い下がったところ「波風立てずに去りなさい。後輩たちにあなたは立派だったと言われるような道を作って歩いていきなさい」と助言をくださいました。

この言葉にハッと目が覚め、恨みでいっぱいだった心を改め堂々と歩くことに決めたのです。

悔しい思いをしましたが、ここで経営を学ぶことの大切さを、身をもって知りました。

その知識や経験を、次の会社作りへと活かすことへと切り替え新たな道を進んだのです。

これから起業するあなたへ伝えたいことがあります。

起業するとどこからともなくベンチャーキャピタルやエンジェル投資家など「出資するよ」と言ってくれる人が出てきます。

とくに「会社経営」ともなるとキャッシュの心配は付きものですから、一見親切な投資家から借りたくなることもあるでしょう。

しかし、人からお金を借りる際は、その人が「どんな見返りを期待しているのか」を考えなければなりません。

3千万円投資してもらったら3千万円返せば良いのではなく「3億戻してね」と言われるのが現実でしょう。

タダでお金を貸してくれる人はいませんから、その時は慎重に判断すべきです。

その人は何のためにお金を出してくれるのか最終的に何を望んでいるのかを知らないと、後々揉めますし、会社を取られることも多々あります。

無知がゆえ、株や投資に詳しい男性にすべてを奪われてしまうケースを多々見てきました。

あなたがこれから起業をしたいなら、まずは経営のことを学びましょう。

知識があれば、不安材料は減りますし、女性起業家の多くは、良いアイデアを形にしていく力を持っています。

また、パートナーやグループで起業する場合は、持ち株比率が50%50%や3人で33%ずつであると判断のかじが切れなくなります。

株は比率が大切ですから、1人で100%、パートナーと組むなら自身51%以上、3分の2以上持つことを必ず覚えておきましょう。

従業員を幸せに。日本の働き方を変えたい

経営で2度の失敗を経験しましたが、アイデアも、仕事も愛しているので立ち止まらずに3社目を起業。

以前からやりたいと考えていた「日本企業の働き方を変える、社員の幸せをデザインする」をテーマに2017年、株式会社カルチャリアを設立しました。

2社目の失敗を教訓に、今度はもちろん持株100%の会社です。

カルチャリアでは、1社目の事業で目指していた海外へ進出する企業への国際人事コンサルティングをはじめ、中小企業向けに従業員の幸福度を数値化するサービス「ハピネスサーベイ（従業員幸福度調査）」を展開しています。

20年間アメリカで過ごし、日本が改善すべきだとわかったことが2点あります。

1点目は、日本のハラスメントの異常な多さ、2点目は日本の企業が人事を軽視していることです。

まず1点目の日本のハラスメントの多さについてお話しします。

厚生労働省によると、令和3年度の民事上の個別労働紛争相談は約35万件、そのうちい

じめや嫌がらせの相談は、8万6034件と約25%を占めるほど多大にあります。

国際社会調査プログラム（ISSP）の2015年の調査でも「職場の上司や同僚からいじめやハラスメントを受けたことがある」人の割合が、世界4位との結果が出ています。

日本人が企業で安心して働けないことが数値によって、示されているのです。

次に2点目の人事を軽視していることについて、アメリカと比較してみましょう。

アメリカでは人事こそが企業の根幹でHR（Human Resources＝人的資本）と呼ばれます。

つまり、人は単なる労働力ではなく、会社の資源であるとした経営戦略の一部なのです。

HRは会社に利益をもたらす人材の運用を、採用や研修、組織開発などで実行する、「利益を産む」部門です。

そのためアメリカの人事部門HRには、社長の次に人間力の高い人がつきます。

残念なことに、多くの日本企業の人事は「管理部門」と呼ばれ、その重要性に気づいていないのが現状です。

日本企業は「人間関係」を軽視しすぎていることから問題が起こり会社の経営状況にまで影響が出ているのです。

日本の労働紛争相談の1位は「人間関係」です。

パワハラやセクハラなどの各種ハラスメントの問題があり、ワークバランスが不均衡で心身が疲れている社員が資源として力を発揮してくれるでしょうか。

ハラスメントがなく、信頼し合える環境のなか、社員がやりがいを持って仕事に取り組むことで会社員の幸福度が上がります。

そこから、イノベーションが生まれ業績につながり、会社が高収益になります。

こうした理由から、弊社では従業員の幸福度アンケートによる「ハピネスサーベイ」の結果を元に、会議や研修の改善を提案しています。

すると1年後にはブラックだった企業が、ホワイト企業認定や健康経営で認定をとったり、業績が改善したりと変化が起こるのです。

これからの企業は、社員の幸福と人事を何よりも重視することが大切です。

結果として、そのような会社に良い人材が集まり、その人材が結果を出してくれるという循環が起こります。

あなたが会社員であれば、我慢せず幸福に働くことを重視する方向にシフトしましょう。

月曜日に会社に行くのが楽しみと思える人が1人でも増えることを願っています。

ごみ捨て場で拾ったトニーのCDが、今の私を作った

1章で「ある日を境に契約が取れるようになった」と前述しましたが、その「ある日」に何が起きたのか詳しくお話ししていきましょう。

28歳で起業し、食事もままならない貧しい生活をしていたある日。

マンションのごみ捨て場に行ったとき、「7日間で変われるパーソナルパワー」と書かれたCDがふと目に入ったのです。

普段ならゴミを拾うなんてことはしませんが、その時はなぜか異様に気になってしまい、思わず部屋に持ち帰ってしまったのです。

あとになって知りましたが、それは全世界で1000万部売れたとされる、世界的に有名なコーチ、トニー・ロビンス（本名：アンソニー・ロビンス）のCDだったのです。

そして、このCDに収録されている言葉が私の人生を変えることとなりました。

「あなたは何者になりたいのか」「どんな姿でいたいのか」「何を着て、何を食べて、どんな仕事をしているか、何をして過ごしたいのか」。

聞かれるがままペンをとり、書きなぐりました。

やる気がでるテーマソング、やる気の出る言葉、やる気の出る服装は、やる気の出るオフィスの内装……言われたことを書き出しては言葉として口に出す。成功者のように振る舞う。

「そうしているとそうなっているのだ」

この言葉を信じ、人生のテーマソングをQUEENの「Don, t Stop Me Now」に決め、「So don't stop me now Don't stop me（だから、今、止めないで私を止めないで）」と常に頭の中で歌いながら、華やかなカラーのワンピースを着て、海外ドラマ「SATC」の主人公が履いていたルブタンのハイヒールを奮発して購入し、まるで成功者のように堂々と振る舞うことにしたのです。

その結果、アポが取れ、翌年には売上げが倍になったのです。

サービスは何も変わっていないのですが「誰でも自分の中を変えるだけで変わることができる」「過去は未来とはイコールではない」と「心=マインド」が変わったのです。

このCDを聴くまでは、過去の成功に囚われていました。

勤めていた頃は営業でトップクラスの成績を収めたのに、独立した途端アポも取れなくなり、自尊心を失っていました。自分には価値がないと自身を責め、否定する言葉で心はいっぱいだったのです。

その心の状態に呼応するように貧しい現実が現れていることに気づきました。

そこで、心の状態を変えるべく、自分のなりたい姿を書き出し「未来はそうなる、成功できる」と口に出すことで気持ちが切り替わったのです。

今では、コンサル実績2800社以上、研修企業も1万社強、年間、1200名以上の社長や幹部研修を行い、ハピネスサーベイも300社を超えました。

こうした今があるのはあの日、ゴミ箱で拾ったトニーのCDを聞いたおかげです。

さらに、アメリカで起業当初に結婚していた男性と、再びパートナーとして夢に描いた家に住み、夢見た事業を一緒にしています。

起業当初に書いたことが、今の私の現実になっているのです。

つらいときや迷うときにはこの時に書いた原点に立ち返り「自分は何を求めて生きていきたいか見つめ直す」ことを大切にしています。

そして今、自分がやりたかった「幸せをデザインする」ことを生業としています。

いつかできる、やればできると諦めずに追い続けてきた結果です。

あなたのマインドさえ変わればすべてが変わる。

あなた自身があきらめなければ夢は叶います。

今すぐノートを片手に理想の未来をつづりましょう！

Message

「わたし」のブレイクスルー

一枚のＣＤが私の運命を変えた。
言われるがままにペンを取り
なりたい自分、
憧れの未来を具体的に想像して、
その通りに振る舞った。
あの時想像した自分が今ここにいる。
あのＣＤを聴いた瞬間が
ブレイクスルーのきっかけだったのだ。

奥山 由実子さんへの
お問合わせはコチラ

プラスマインド株式会社 代表取締役／一般社団法人未来サポート 代表理事
パソコン教室経営

加藤 亜紀美

ピアノ講師からパソコン講師へ。マーケティングに目覚め、54歳でMBAを取得した愛され講師の人生観

Profile

1964年、愛媛県出身。音楽学校を卒業後、楽器店に勤務すると同時に自宅でピアノ教室を開業。趣味で通い始めたパソコン講座の女性講師に魅了され講師になることを決意。職業訓練校で学び直し、兼業でパソコン講師に。４箇所の起業セミナーで学び、48歳の時に「ひだまりカンパニーパソコン教室」をオープン。54歳の時、岡山大学大学院に入学し経営学を学びＭＢＡ（経営学修士）取得。

1日の
スケジュール

Morning

7:00 起床・愛犬のお世話

9:00 出社・経営・セミナー・作成物制作など

21:00 帰宅・家事・愛犬と遊ぶ

23:30 就寝

Afternoon

パソコンとの出会い―職業の転換―

心が大きく揺さぶられ、これまでとは違う人生を歩むときのことを私は「人生の転換」と呼んでいます。

「転換」は、感動から起こることもあれば、悲しみや絶望から起こることも。

いずれにしても、大きく心が動いたときに、人と出会い、次の選択をすることで、これまでの人生とはまったく違う人生を歩むことになる。

そうして、別の職を選んだり価値観が変わったり、立場が変わったりするのです。

私にとって「人生の転換」は3度ありました。

1度目は、ピアノ講師からパソコン講師への「職業の転換」、2度目は水害経験による「価値観の転換」、そして、3度目はいただいてばかりだった「ご恩」を返していく人になる「立場の転換」です。

まずは1度目の「職業の転換」に至るまで、原点となる音楽との出会いからパソコン講師になるまでをお話しします。

幼かった頃、音楽愛好家でギターが得意な父はいつも私を抱っこしながら「禁じられた遊び」「別れの一本過ぎ」などをギターで演奏してくれました。

父の影響で音楽が好きになり、得意なピアノで生きていこうと河合中央音楽学園に入学。卒業後は、河合楽器に勤めながら実家の近所の子どもたちにピアノを教えていました。

教室を開いたものの、時折問い合わせが来ても居丈高な態度を取るなど、未熟な顧客対応をしていたためか、生徒を集めることができませんでした。

そんな私を見かねた両親や調律師さんが、ピアノを習いたい人を紹介してくれ、ようやく少しずつ生徒が増えるようになりました。

結婚を機に、河合楽器を退職。と同時に、自宅でピアノ教室を開きました。

教室では3つの「C」で心を整えることを大切にしていました。

3つのCとは—CLEAN（クリーン・整理整頓）、CLEAR（クリア・明瞭）、そしてCONCENTRATE(コンセントレイト・集中）—のこと。

恩師から受け継いだ習慣で、心を整えてから音と向き合うことを重視してきたのです。

こうした音楽との向き合い方が共感をよび、女の子の習い事としてピアノが人気だったことも後押しし、一時期は月に100名近い生徒を抱える大所帯になりました。

多くの生徒さんを抱え、年に1度発表会を開いては音楽を楽しんでいました。

そんなあるとき、転機が訪れます。

発表会の準備をするなかで「パソコンでプログラムを作成したい」とひらめいたのです。

そう思ったら居ても立ってもいられず、夫と電気店に行き、大枚をはたいてパソコン一式を買って帰りました。


時代は昭和の終わり。今のような液晶画面ではなく、奥行きの深いブラウン管のレトロなパソコン、ちょうどWindows 98のころのことです。

はやる気持ちを抑えながら丁寧に箱から出して、説明書を読み電源を入れました。

「ぶ～～ん」と画面にWindowsのマークが出た瞬間、言い知れない感動を覚えました。


しかし、念願のパソコンを手に入れたものの、使い方どころか電源を切ることさえできず、コンセントを抜いて消す始末。これではらちが明かないと思い、公民館のパソコン講座に応募。その時、その後の人生を変える一人の女性講師と出会ったのです。

彼女は、楽しそうにパソコンを自在に操り、講座生の質問に次々と答える40代位の女性でした。

彼女から学べば学ぶほど、これからはパソコンの時代だとすっかり魅了されました。

生き生きと活躍する彼女の姿が輝いて見え、「私もあんな女性になりたい」と、憧れの気持ちを抱くと同時に、パソコン講師になることを決意。

その後、職業訓練校で半年間パソコンに関して学び、ピアノ講師と兼業でパソコン講師を始めました。

「ピアノ講師」から「パソコン講師」への職業の転換、これがその後の人生を創り出す1度目の「転換」だったのです。

苦手だった集客を克服し、パソコン教室オープン

パソコン資格取得後は、地元企業に就職し、職業訓練校や地域のパソコン教室で講師を務めました。

同僚と働くのは楽しかったものの、次第に企業の方針と自身の思いがすれ違うようになりました。

「この教え方では一時しのぎに過ぎないのではないか」「もっと他のやり方はないのか」などと、思い描くように教えることができないもどかしさを感じるようになったのです。

そんな私の悩みを聞いてくれたのが、中小企業診断士として会社を経営しながら、講師業もする職業訓練校の同僚講師でした。

彼はいつもゆっくりと話を聞いて、共感してくれました。

そしてある時、こんなことを持ちかけてくれたのです。

「知り合いの社長さんがパソコン教室を任せられる人を探している。一度会ってみないか」

この一言が、私が起業するための第一歩となったのです。

パソコン講師スキルを身につけ、場所も貸していただけることになり、初期投資用資金

も貯めていたため起業する準備は整っていました。

しかし、すぐには起業しませんでした。

なぜなら、ピアノ講師時代に「集客のむずかしさ」を嫌というほど味わっていたため、集客の勉強をすることが先決だと考えたからです。

そこで岡山県産業振興財団や岡山県総社商工会議所などが主催する起業セミナーに参加しました。

起業後も支援のあるセミナーを選び合計4箇所で学びました。

一見遠回りのように見えますが、起業セミナーに通ったことで2つの大きなものを得ることができたのです。

1つ目は、ブランディングをする中で教室のキャラクター「あん先生」が生まれたことです。

優しくてホッとするパソコンの先生のキャラクターをイメージし、私の幼少期のニックネームから「あん先生」と名付けました。

寂しいとき、不安なときでもパソコンでつながろうというメッセージ件のあるキャラクターをチラシや名刺、ホームページに使って、教室の雰囲気を伝えたのです。

2つ目に得られたものは人とのつながりです。

今でも教室に通学してくださる起業仲間や、現在のプラスマインドを共同経営する人もこの時、出会ったのです。

こうして2012年、48歳の時に念願のパソコン教室をオープンしました。

地域の方々の学習と「ホッとスペース」となるように、想いを込めた教室が誕生したのです。

教室を開き、起業塾で学んだ「集客」をいよいよ実践する時が来ました。

新聞の折込チラシでの広告宣伝と、電話かファックスでの申し込みが主流の時代です。

机上では学んでいたものの、初めてチラシを出した時には申し込みがあるのか不安で仏壇に向かってお祈りをしたものです。

しかし、「集客ができないのであれば、改善点がある」と学んだことを思い出し、反応が悪い時には改善点を見つけては修正し、集客していったのです。

また、ホームページを作成する際にもターゲットを定めました。

閲覧するのは「若い世代」と見込み、マーケティング調査で「パソコンが苦手なのは、圧倒的に女子が多い」ことを知っていました。

そこで、「パソコンが苦手な女子学生」がパッと見て惹かれるような可愛いページを作成しました。

高齢者にはチラシで広告を、若年層にはホームページで宣伝したことで、顧客ごとにプロモーションすることができ苦手意識のあった集客が解決したのです。

こうして、現在では2教室を運営するようになり、ホームページ制作の仕事や、大学講師、企業向けパソコンセミナー、商工会議所パソコンセミナーの講師など、幅広く活躍の機会をいただきました。

また、起業塾で学んだ「集客」「経営」を実践することで、そのおもしろさに興味が湧きました。

そこで、さらに経営の知識を深めようと54歳の時に岡山大学大学院に入学しMBA（経営学修士）を取得。

仕事をしつつ時間を作り家族の協力を得て、諦めない気持ちで挑んだことで達成することができたのです。

パソコン、そしてキラキラ輝く女性講師との出会い心が揺さぶられたあの日から、私はこの未来が来ることを知っていたのでしょう。

あの時、心に従ったことでここにたどり着いたのです。

パソコン教室全壊―価値観の転換―

2度目の転換が起こったのは、悲しみと絶望の渦中でした。

「避難勧告が出たぞ。はやく帰ってこんか」2018年7月6日、父からの電話で慌てて帰宅しました。

この日、西日本豪雨災害に被災したのです。

私が住む地区倉敷市真備町は、町の多くが被災し、5mを超え水没した地区もありました。

町民は家屋、車、命、多くのものをなくし私も教室の一部や自宅、実家をなくしました。

被災当初は泣く間も無く、現実味を感じられずただただ呆然としていました。

被災4日目に自宅のある地区にようやく入り、ベトベトの泥道を車で走ると今まで堪えていた涙が溢れ出しました。

そして、ここからはあらゆることに心が揺らぎ、枯れるほど涙を流したのです。

被災して数日後の夜中のこと、爆音で目が覚め外を眺めると、2人乗りをしたバイクが、決壊した土手で泥の湖の中を走り、楽しそうに遊んでいたのです。

災害により苦しい思いをしている人が多くいるなか、不謹慎な行動に悔しくて悲しくて涙が溢れ、言い知れない虚無感を覚えました。

泥だらけのゴミの山、それらを片付けする人々に混じり、自衛隊や警察の方々が頻繁に行き来する、まるで戦場のような非日常の世界。

家や事業を失った悲しみや、心ない行動に泣いてばかりの毎日。

太刀打ちできない自然の脅威に絶望し、汚泥とゴミの酷い匂いの町の中で、未来に希望を持てず事業を辞めて町を離れようかと考えていました。


しかし、流したのは絶望の涙だけではありませんでした。

被災後しばらく経ち、自宅に帰れた時に、甥っ子と大学の友人ら6名がボランティアで片付けに来てくれました。

重い冷蔵庫も、水を吸った畳も壊れた家具も、次々と運び出してくれます。

気温は30度を超え汗だくになり、自分達もつらいなか、明るく振る舞ってくれたのです。

嬉しくて、頼もしくてこの時は喜びの涙が溢れました。

さらに、事業を辞めるしかないと弱気な私を尻目に、セミナーでお世話になった企業の方々がパソコン教室を訪れ、壊れた機材をどんどん片付けてくれました。

パソコン教室のお客様も、おにぎりや水、氷を持って駆けつけ、「パソコン教室の再開を待っているよ」と伝えてくれました。

友人が拭いても拭いても湧き出てくる泥を、根気よく掃除してくれました。

友人の友人は、足りない飲料水を遠くの県から送ってくれました……。

混乱して泣いてばかりいる私を誰も否定せず、温かく見守り支援し続けてくれたのです。

次第に水が出て、電気が使えるようになり、インフラが整い出すと、「現実は変化し続けている。私も進むしかない」と思えるようになりました。そして、ようやく事業を再開しようと決意したのです。

大きな悲しみからどん底を経験したことで気づけた大切なもの、大切な人たち。

当たり前にあったものがなくなり、この世は無常であることを知ると同時に、そのなかでも希望はあるという大きな悟りにも似た感覚を覚えました。

これが2度目の転換「価値観の転換」でした。

思いもよらない自然災害から大きく心を揺さぶられ、価値観が転換したことで、3度目の「転換」が起ころうとしていました。

心が揺さぶられたら、それに従い行動を

これまでは興味のおもむくままに目標を掲げては達成し、人生を楽しんできました。

しかし、一夜にして多くを失い、今あるものが当たり前ではないことを知りました。そして、すべてを失っても変わらず一緒にいてくれた人々のお陰で「すべてはある」という大きな「価値観の転換」を迎えたのです。

これ以降、「今までの人生はすべて誰かの助けによって成し遂げられてきた」ということに気づき、今度は「その人たちに恩返しをする」ことが、残りの人生においての使命であると確信しました。

そこで、被災してから準備期間を経て、2022年「一般社団法人 未来サポート」を設立しました。

10年以上パソコン指導をしている放課後児童クラブが法人化するにあたり、いただいてばかりだったご恩を少しでも返せるよう設立したのです。

これまでいろいろな方に育てていただいたように、今後は「すべての子どもたちが安心して笑顔で過ごせる居場所作り」「未来を創造することが楽しいと感じられる機会の提供」

を目指して、子どもたちの今と未来をサポートしていきます。

受け取ってばかりだった人生から、与えていく側になっていく、これが3度目の『立場の転換』です。

うれしいことも悲しいことも、大きく心が揺さぶられる経験から、人生における3つの転換が起こりました。

そのときは、いつもあの「3つのC」を思い出し、心を整え、起こった出来事から次の未来を選択するのです。そうすることで、どんなことでも乗り越えることができます。

心を大きく揺るがすもののなかには、人生の転換と必要な出会いが隠され、次の未来が待っています。

この本を読んでいるあなたも、心が揺さぶられたときには、その心に従い行動に移してみてくださいね。

すべての出来事には意味があり、そのときに出会うべき人が必ずいます。

悲しみも喜びもすべて、あなたが次の選択をして行動することで、豊かな人生が作られていくのです。

Message

「わたし」のブレイクスルー

パソコンとの出会いに衝撃を受け
その気持ちに忠実に動いたことが
ブレイクスルーの始まりだった。
心が動いた瞬間に、
行動することが鍵なのです。

加藤 亜紀美さんへの
お問合わせはコチラ

暮らしのフォーチュン 代表
自然食材・ナチュラル雑貨店経営

城所 美奈子

花屋、保育園経営から
自然食材店経営へ。
「好き」と「こだわり」を
追求し続けた
経営者の物語

Profile

1969年、埼玉県出身。大学卒業後大手保険会社に就職するも半年ほどで退職。生花店で勤務をしながら、様々な経験を積んだ後、神奈川県川崎市にて花屋を開業。結婚、出産、育児を経験していくなかで、保育園の必要性を感じ小規模保育園を立ち上げ、２園を運営。その後、保育園を譲渡し、埼玉県日高市に移住後、自然食材・ナチュラル雑貨店「暮らしのフォーチュン」をオープン。

1日の
スケジュール

Morning

5:00　起床後家事等

9:00　開店準備

16:00　閉店後配達

18:30　夕食

20:00　入浴

21:30　瞑想後就寝

Afternoon

逆境はチャンス

大学卒業後、無難に決めた大手保険会社に就職し、社会人生活を始めました。

しかし、組織に馴染めず、息苦しさを感じるようになり、半年ほどで退職。

私自身が楽しめる仕事をしたいと考えるなか、大学時代にアルバイトをした花屋の楽しさを思い出し、再び花屋でアルバイトを始めたのです。

「いつか自分のお店を持ちたい」と夢を抱きながら、フラワーコーディネートやカラーコーディネートを学び、30歳の時、念願だった花屋を開業しました。

花屋の経営が軌道に乗り始めたころ、結婚・妊娠・出産を経験。

一時休業を経て、産後2ヶ月でお店に復帰し、その後娘を保育園に預けようとしました。

ところが、保育園に申し込んだものの、待機児童が多く入園することができませんでした。

やむを得ず、店の奥にベビーベッドを設置し、おんぶをしながら仕事を続けました。

セリに参加するために早朝から市場に出向き、夜も飲食店への配達等があるという長時間労働。

店内は常に寒く、農薬が使用されている花もあることから、娘への影響が気になるようになりました。一人で働くには何も不自由さを感じていませんでしたが、赤ちゃんを育てる環境としてはふさわしくないと感じたのです。

しかし、保育園に預けようとしても待機児童が多いため、入園ができません。

同じように「保育園に入園ができない、職場復帰ができない」という母親の嘆きをあちらこちらで耳にしました。

ようやく娘が10ヶ月の時に、認可外の家庭的保育室に入ることができました。

1年間この保育室に通ったことで、認可保育園に優先的に入園することができたのです。

やがて、この保育園に入れず困った経験と、認可外の保育室に助けられた経験から「保育園を自分で運営できないか」と考えるようになりました。

その後、次女を妊娠すると、あらゆる面で「花屋と2人の子育ての両立は難しい」と感じ、閉業を決意しました。

もしも、出産していなければ、何不自由なく好きな花の仕事を続けていたかもしれません。

しかし、子育てをする環境ではないと感じたことと、これまで精一杯打ち込んでやり切ったという充足感から、花屋をたたむ決断ができたのです。

花屋の内装は珪藻土や漆喰を自分で塗り、枕木を使った棚や水栓を作ってもらったため、思い入れがありました。

お店の内装をそのまま残す「居抜き」で利用して欲しかった……と思うものの、元の状態に戻して返すと契約していたため解体しなければなりませんでした。

開店するときのワクワク感や足を運んでくださったお客さまの笑顔。さまざまな思い出がよぎるほど、寂しい思いが湧き上がりました。

とはいえ、いつまでも感傷に浸っているわけにはいきません。

すぐに次の目標である保育園の立ち上げの準備をし始めたのです。

保育園を一から立ち上げる

その後、次女が生後10ヶ月の時に小規模の無認可保育園を開園しました。保育園に入れなかったという経験が、新事業へと結びついたのです。

待機児童の多い0歳児から2歳児までのお子さんを預かることにしたため「きっと多くの人から需要があるだろう」と見込んでいました。

ところが、予想に反して申込みがなく、園に在籍したのは次女1人だけ。開園して3ヶ月後に、ようやく2人のお子さんが入園してくれるという厳しい現実に直面しました。

このときは支出ばかりで、続けることへの不安がありましたが、「きっと大丈夫」と、自分に言い聞かせながら一年を乗り切りました。

しかし、開園から一年後の4月になると、12名からの申し込みがあり、その後も増え続け、22名定員のところ、一時期は27名までになりました。

立ち上げて一年の園に需要が生まれたのは、待機児童の多さはもちろんのこと、「食へのこだわり」に共感していただけたからでしょう。

というのも、私の園では「食べた物で身体が作られる」をモットーに、食の重要性に重きを置いていました。

味覚が形成される3歳頃までの食事が非常に重要です。

だからこそ、園の食事は「我が子に食べさせたいもの」を意識しました。

無農薬の野菜や季節の果物を中心にした無添加物の給食。砂糖を使わないおやつを、プラスチック製ではなく陶器のお皿で提供しました。

こうした食へのこだわりが周知され、自治体の基準を満たし支援を受けられる「認定保育園」として認められたのです。

運営も安定し、保護者や保育士さんと一緒に園を作る毎日がとても充実していました。

その後も、待機児童は年々増え続け、2園目を隣駅近くに開園。

潤沢な助成金をいただき、定員が常に保たれ、経営面での心配事は無くなっていきました。

しかし、「無認可」から「認可」になったことで園の状況が少しずつ変化しました。

というのも、無認可保育園は入園する側も自分で園を選び、入園の選考も園に決定権があります。一方、認可保育園は行政が入園を選考し、入園する側も、行政が決めた園に入園するのです。

つまり、園の方針に共感していない方も多く入園され、園の方針より行政の方針に合わせた保育をする必要が出てきたのです。

たとえば、保護者の要望に応え、朝7時から夜8時までの長時間保育にも対応するようにと、行政からお達しが来ました。

しかし、乳幼児は成長のためにも夜8時には就寝することが必要です。

働く保護者の方の力にはなりたいものの、お子さんの成長を考えると、12時間以上お預かりしたくなかったのです。

保育課の方からは「延長保育料をもらえるのだし、保護者から長時間保育の要望が多いのだから、それに応えるように」と言われましたが、素直に従うことができませんでした。

ほかにも、母乳育児を希望される保護者の方にはできるだけ協力し、砂糖を使わないおやつを提供したいと考えていました。

給食に添加物は使いたくありませんし、過度な塩素消毒もしたくありませんでした。

しかしながら「認可保育園で食中毒を出すわけにはいかない」と、衛生面から数々の指導を受けました。

そこで、陶器の食器も安全面からプラスチック製のお皿に、添加物を使わないメニューから保存料を使用した食材に変更することが必要でした。

もちろん、園として譲れない部分があることも主張しましたが、保護者や保育士さんが必ずしも共感してくれる訳ではありません。

結局、添加物を使わない独自の献立から、行政の推奨する献立に切り替えました。

添加物ばかりの原材料から作られた給食を、まだ小さな園児さんに食べさせることに胸が張り裂ける思いでした。

今まで大事にしていたこだわりを捨て、行政の言う通りにすれば、運営に困ることはないでしょう。しかし、大事にしたいことを貫けないのであれば、行政という大きな組織に雇われている経営者と同じです。

そして、目指す保育が出来ないもどかしさから、運営を退くことを決意し、園の譲渡先を探し始めました。

譲渡先の候補選びも行政の許可が必要で、そこには多くの時間を要しました。

経営が安泰していたことから、運営を手放すことには勇気が必要でした。


しかし、やりたいようにできなくなった時点で、運営し続けることに意味を見出せなくなったのです。

ようやく譲渡先が見つかり会社を清算すると、肩の荷が降りたような気持ちになりました。

自分が大切なことは大切にしていきたい。

そのためには、手放す勇気を持つことが大事だと感じたのです。

肩の力を抜いて、ゆるやかに

子育てをしながら全力で保育園の経営に尽力した40代。

10年間駆け抜けたのち、運営を手放し、肩の荷を下ろして50代を迎えました。

それからは暮らしを大切に、興味のあることに時間を費やし、本当の気持ちと向き合う時間を設けるよう意識しながら過ごしました。

そんななか、子育てや保育園経営で大切にしていた「食」に特化したお店を開きたいと考えるようになりました。

そして、2022年3月、埼玉県日高市に引っ越し、同年7月に自宅敷地内のバイクガレージ内を改修し、自然食材・ナチュラル雑貨店をオープンしました。

花屋を開店させたときと同様、内装には天然木を用い、漆喰を自分たちで塗り自然を感じる空間に仕上げました。

花屋を閉業した際に、内装をすべて解体した切ない経験から、今回は「返却する際も内装を解体しない」という条件で契約をしました。

また、花屋のときも保育園のときも日本生活金融公庫に借金をして始めましたが、今回は借入れをせずに無理のない範囲で開業しました。

借金をすると、返済の事を常に頭に浮かべ心労があったからです。

引越し前の川崎の自宅は賃貸し、その賃料で埼玉県日高市の家の賃料をまかないました。

こうして気負うことなく緩やかな経営が実現できたのです。

食を大切にすること、自然を大切にすること、生活環境を大切にすることなど、自分の大切にしたいことを思う存分表現するお店にしました。

無農薬・無肥料の自然栽培の野菜や果物と、自然栽培の原料で作られたパンや加工品など添加物の入ったものは一切扱わない商品を販売しています。

伝統製法で作られた本物の調味料等は高価だと思われがちですが、適量を使うことで、格段に美味しく、しかも体によいのですから決して高くはありません。

また、原料や作り方が違うため、価格だけでは比較ができないのです。

もし売れなくても、ありがたく自家消費に回せばよいため、売れ残りに気を揉むことがありません。

自然の循環を大事に、できるだけゴミも出さないよう、量り売りをしています。環境に配慮した生活を心がけることの大切さを感じていただけるお店でありたいのです。

必要性の低いものを大量に生産し、大量に消費する時代は終わりました。

必要だと思い込んでいるその思考を手放せば、もっとシンプルに生きられるはずなのです。

お店では、本当に食べたいものを他の人にも食べてもらい、使ってみてよかったと思えるものを心からおすすめしています。

お店の想いに共感したお客様同士が、話をしてはつながり、交流の場になっていることに喜びを感じます。


保育園を経営していた時は、経営状況は安定していたものの、葛藤も多く、ストレスに押しつぶされそうになっていました。

今は自分に正直でいることができ、ストレスもなく、気持ちにゆとりがあります。

精神的に安定することは、経済的な安定よりも大事なことかもしれません。

人生を謳歌するには、メンタルを大切に、とらわれない生き方が肝心です。

人生は楽しむためにある

3度の経営を経験したことで、自分の気持ちのおもむくままに、楽しいことを仕事にすることが良いと実感しました。

楽しいことの延長線上に、仕事があるのです。

明日の仕事が憂鬱であるのは、本来のあり方とは違うのでしょう。

もし仕事が辛いのであれば、楽しいことをやっていないか、お金を稼ぐことが目的になっているのかもしれません

組織の歯車の一部になれば楽かもしれませんが、仕事を心から楽しめているでしょうか。

皆が個人事業主になり、一人ひとりが思うがまま働くことでもっと違う世の中になるのではないか……と考えます。

やりたいことや気になることがあれば、できない理由探しを一旦やめましょう。

そして、できるようにするにはどうすれば良いかという方向にシフトチェンジして、一歩を踏み出しましょう。

たとえば、子どもがまだ小さいからと、諦めるのではなく「子育て中だからこそできる

ことがたくさんある」と視点を変えるのです。

私は出産をしたことで保育園の必要性を感じ、立ち上げることができました。

また、子育て中だったからこそ保育士資格の勉強で、我が子の育児と重ねながら学ぶことができ、スムーズに合格できたのです。


50代を迎えた今、これからが人生の総決算です。

振り返れば、軌道に乗っていた保育園の運営を手放す決断をした瞬間が、私のブレイクスルーのタイミングでした。

今こうして自由に好きなことで経営をしていると、かつて花屋を経営していた時に「好きな花をアレンジしてお金をいただけるなんて、なんて幸せなのだろう」と感じたあのころの感覚を思い出します。

好きと楽しさだけを追求できるのは、手放す勇気を持ったからでしょう。

人生は楽しむためにあるのですから……。

やりたくないことは勇気をもって手放し、心地よく感じることだけを選択すると、その延長線上に楽しい毎日が待っています。

Message

「わたし」のブレイクスルー

2度の事業を手放し、3度目の今、
好きとこだわりを思う存分表現できる
経営にたどり着いた。
金銭的に経営状況がうまくいっていても
心が追いつかないなら、しっかりと手放す。
手放した先に、
見えてくる場所があるのです。

城所 美奈子さんへの
お問合わせはコチラ

米工房Jasmine 代表
米粉パン屋経営／農業

小林 由紀子

お米の素晴らしさに
気づき、米粉パンの
魅力を世界へ！
日本の農業を
おもしろくする、
パワフル農業女子の挑戦！

Profile

1981年、富山県魚津市生まれ。専門学生の時都内路上スカウトされ上京。23歳の時に結婚し沖縄へ。離婚を経て実家の農業を手伝う。ふるい下の米を活用できないか模索。2008年米粉パン専門店をオープン。米粉パン指導員。米粉食品指導員。富山県青年議員。富山県青年審議委員。富山県青年農業者協議会役員。富山県農山村振興対策委員。2015年富山県農業振興賞受賞。2015年毎日農業記録賞最優秀賞受賞。中央審査委員長賞受賞。農林水産大臣賞受賞。全国農業協同組合会長賞受賞。煌めく富山の女性ロールモデル。農林水産省農業女子プロジェクトメンバー。

1日の
スケジュール

Morning

5:00 起床、お弁当作り

6:00 お店で作業

8:00 娘たちの送り

9:30 お店に戻り作業

10:00 取り引き先納品

11:00 お店オープン

12:00 ＪＡ等外販売

16:00 取り引き先卸し

17:00 娘たち迎え

18:30 帰宅、夕飯準備等家事

23:00 就寝

Afternoon

米粉と出会うまで

富山県魚津市、大正5年から続く米を主穀作とする専業農家の三女として産まれました。海抜200メートルの中山間地にあり、人口は約4万人、1万7000世帯のうち、700戸が農業を営んでいます。

私の住む村は、信号もコンビニもなく、農協の支店と給油所もなくなり、小学校も廃校となるほど過疎化が進んでいます。農業の担い手が減り、管理を引き受けるうちに、いつしか管理農地が50haもの広さになりました。

猿がえさを求めて道路の脇にいることが日常茶飯事で、田んぼは水はけが悪く、4月まで雪が溶けず営農環境が良いとは言えない地域です。

それでも、立山連峰の雪解け水と昼夜の寒暖の激しさがおいしいお米を作り出してくれるのです。

今でこそ、この町の魅力と農業のすばらしさがわかりますが、学生時代はこんな田舎の農家の娘であることが嫌で仕方ありませんでした。

お小遣いをねだると、「父と一緒に田んぼの草刈りに行ってから」と言われるのです。

仕方なしに手伝いに行くのですが、田んぼに行くにもおしゃれに気が抜けず、短いスカートにルーズソックス、茶髪にピアス姿で父の元に駆け寄りました。

すると父はあきれた様子で軽トラを走らせ、私を置いて行ってしまうのです。

それでもお小遣い欲しさに、草刈り機を担いで自転車に乗り、登り坂を必死で漕いで田んぼに向かいます。草を刈り終わる頃には腕が震えて、ポケベルも鳴らせないほど。

当時流行りのPHSは山間地で電波が届かず、街へ出ないと使えませんでした。

「こんな田舎は嫌だ。将来は絶対に農業に関わりたくない」と、都会での華やかな生活に憧れを抱いていました。

そして、23歳で結婚。夫の故郷沖縄に移住し、リゾート地での新婚生活に期待を膨らませていました。

ところが、住み始めると環境の大きな違いに衝撃を受けたのです。

米軍の駐屯所が近くにあり、毎朝6時にトランペットでファンファーレが鳴り響きます。8時を過ぎると屋根の近くを軍用機がとてつもなく大きな音を出して飛び始め、家が真っ暗になります。

外に出ると米軍の軍人さんがライフルを担いで、ザッザッと音を立てながら歩いているため戦場にいるような気持ちになり、外には一人で出られませんでした。

家でテレビをつけても、沖縄の言葉を理解できず、暇を持て余します。

そこでお菓子やケーキ、パンなど手の込んだものを作っては1日を過ごしていました。

2005年、長女を出産すると体調を崩し、家族で実家の魚津に戻りました。

しかし、翌年次女が誕生した時、夫が「田舎暮らしに耐えられない」と言い出ていったのです。

幼い子どもたちのことを思うと、なかなか離婚届に印鑑を押すことができませんでした。

この先どうやって2人の子どもたちを育てようかと不安にさいなまれました。

それでも一人で子どもたちを育てるためには、とにかく働かなくてはならないと、父の経営する「MK農産」で雇用してもらったのです。

「田舎は嫌だと啖呵を切って好き勝手に生きてきたのに……」と申し訳なく思い、両親の役に立てるよう、米作りに専念しました。

2007年、収穫時期にいつも通り乾燥・調整作業をするとふるい下の米の多さに驚きました。

今まで1・85ミリだった選別機のふるい目が1・9ミリと大きくなったため、きれいなお米でも、相当な量が売りに出せなかったのです。

「これはもったいない。何かに使えないだろうか」と思い始めました。

米粉の可能性を追求する

それから毎日、ふるい下の米（※現在は新規需要米使用）を米粉にして、作れるものはないかと試行錯誤しました。まずはお菓子作りをするときに、小麦粉を米粉に置き換えて作ると、焼き菓子もケーキも思ったよりも簡単にできあがりました。

ただ、お菓子には砂糖がたくさん入るので、毎日、続けては食べられませんでした。

そこで、ご飯のように毎日食べられるものが良いと考え、パンを作ってみたのです。

ところが、米粉パンはお菓子やケーキのようにうまくいきませんでした。水の温度、時間、粉の量など条件を少しずつ変えては作り、納得するまで試行錯誤を重ね、ノートに記したのです。

その後も繰り返し挑戦してみたのですが、「パン」と呼ぶにはほど遠いものしか作ることができません。家族はなかば呆れ、私を避けるように無言で部屋から逃げていきました。

それでも私は、「きっとできる！」と信じ、作ることをやめませんでした。

そんなある日、日本農業新聞に「米粉パン講習会開催」とＦＡＸ番号だけが書かれた小さな記事を見つけました。

講習を受けることで上達するかもしれないと期待して申し込みのＦＡＸを送りましたが、いくら待っても連絡が来ません。

毎日送り続けると、電話が鳴り「これは、農水省や食品会社を対象にしたもので、一般の方は入れません」と、断られました。

しかし、ここで引き下がるわけにはいきません。

「邪魔はしないので後ろの方で見せていただけませんか」とねばり、ようやく参加するという権利を手に入れたのです。あまりのうれしさに、思わずガッツポーズをしました。

当日は、早朝の雪道を父に駅まで送ってもらい、初めて娘たちと離れて上京しました。不安とワクワクを同時に感じながら、第一歩を踏み出したのです。


研修会場にたどり着き、説明を受けた後、米粉パンを試食しました。

一口食べた瞬間、本当に米粉で作ったものかと驚くほどの柔らかさで、今まで自分が作っていたモサモサの硬いパンはなんだったのだろうかと衝撃を受けました。食感、味、香りなど、すべてにおいてクオリティーが高かったのです。

感激のあまりに黙っていることができず、手を挙げて質問をしました。

「この柔らかさを維持するにはどうしたら良いのか」という質問を皮切りに、食糧自給率の低さ、若者の米離れ、食の安心安全など、将来子どもたちが大人になった時に食べ物があるのか心配になることなど、米への想いが溢れて止まりませんでした。

そして、「実家のお米を使ってパンを販売したい、ぜひ応援し下さい」と熱い気持ちを伝えると、大きく拍手され、多くの方から応援の言葉をいただいたのです。

この日出会った日本穀物検定協会の萩田さんからは、「米は小麦とは違い、食後の血糖値が緩やかになるため、糖尿病の方にも向くのではないか。主食用米とは違う、高アミロース米の試験栽培をしてほしい」とご依頼をいただきました。

その後、食品会社の方が遠方より米粉パンの作り方を教えに来てくださったことをきっかけに、格段においしいパンを作ることができるようになったのです。

そして、２００８年に移動販売をスタートさせました。

すると、「うちに売りに来られよ」と多くの方が声をかけてくださったことで、ＪＡの支店や市役所、企業等にお昼時販売に行くようになりました。

１歩踏み出した事で視野が広がり、応援してくれる人が、また別の人を紹介してくださり、人との出会いが縁をつないでくれたのです。

パンの移動販売から半年経ったころ、メディアに取り上げられたことから、注文が殺到し製造が間に合わなくなるほどになりました。

お店を持つなら今だと、自宅の近くにお店を持つことを決意し、山間の小さなお店をオープン。

お店を開くからには、もっと技術を高めようと、東京で米粉パン専門コースを、2010年から第1期生として受講し、米粉指導員の資格も取得しました。

講義には誰よりも早くに教室に入り、講師の方に研修の準備を手伝い、さまざまな質問に答えていただき、実りの多い時間を過ごすことができました。

日々成長できることを実感し、また快く講習会に送り出してくれる家族にも感謝の念を抱きながら、開業後も米粉パンの技術を磨き続けました。

仕事も家庭も全力で向き合う

米粉パン屋は地域の皆さんが大切にしてくださり、多くの方の協力のおかげで成長し続けました。

そして、1年半後には市街地に2店舗目をオープン。

地域資源ファンド農商工連携事業に認定されたことで、銀行から1000万の融資が決定し、機械化を進めたのです。

ミキサーは全自動にし、オーブンは発酵機と連動させ、予約スイッチで作動する機械をオーダーし多くの人にパンを提供できるような仕組みを作ったのです。

オープンすると、米粉や六次産業化のブームがあったことも後押しし、多くのメディアに取り上げていただきました。

すると、予想以上の反響を呼び、製造が追いつかず、せっかく足を運んでいただいたのに購入できない方が続出しました。わずか6畳の売り場で、多いときは平日に4000個の売り上げがありました。

一人でも多くの人に購入いただけるように最善を尽くしましたが、それでも追い付かず常連さんの足が遠のくようになりました。

ずっと温かく見守ってくれた地域の方をおろそかにし、申し訳なさを感じました。

ちょうどこの頃、子どもの受験や親の介護と私生活でも忙しい時期と重なり、時間に追われ、毎日をこなすことに精一杯で、仕事も子育ても楽しめなくなっていました。

メディアのおかげで人気店になったことはありがたかったのですが、その反面、うぬぼれる気持ちもありました。

ただ、メディアや人の力を借りて一時的に上に押し上げられても、かならず、ほころびが出ます。

お客様一人ひとりや家族を大切にできないようでは本末転倒だと考え、本当に大切にしたいものを見つめ直したのです。

「うちのお米を食べてほしい、米粉のパンの魅力を知ってほしい」という気持ちで始めたことを思い出し、もう一度原点に帰ろうと考え、しばらくメディアに出ることを控えました。

すると、再び常連さんが買いに来て下さるようになったのです。

自己を見つめ直し、一つひとつの物事と向き合うことで、家族もお店も違う景色が見えてきました。

信じた道を進んで

こうして、原点に立ち返り米粉パンと向き合ううちに、スーパー等新たな取引先も増え、経営状況も家族の状況も安定し、さらなる活動の幅が広がりました。

いつしか米粉パンの専門家として認知されるようになり、全国紙でのコラム連載、県内外での講師、国内外からの視察受け入れ、ＪＩＣＡへの協力、新品種米の試験栽培、補助金の審査員、食品衛生指導員等、様々な役割を与えられるようになったのです。

「頼まれごとは試されごと」と可能な限り引き受け、多くの学ぶ機会を与えてもらい、経験値を上げて自身の器を広げてきました。

２０１５年には、北陸新幹線開業記念で制作された市川徹監督の映画『魚津のパン屋さん』のモデルとなり、自身の人生と重ね合わせながら撮影に協力しました。

また、弟の就農を機に家族経営協定を見直し、自家産の米を加工して販売するスタイルを確立したことにより六次産業化事業計画の大臣認定を受けました。

さらに２０２１年、農林水産省農業女子プロジェクトメンバーに加わり、全国で活動を始めました。

産業大学、東京家政大学の研究への参画や、都内での販売、メディアへの生出演、モンベルとフィールドウエア（農作業着）の商品開発、ドローンでの農薬散布など多岐にわたる活動をするようになりました。

また、実家のお米で作った魚津酒造さんの日本酒は、全国、海外でも人気を集め予約で完売となりました
このように米粉と向き合い地域の方に育ててもらったことで、多くのことを成し遂げることができたのです。

農業がこれほどにも可能性に満ちた業種であるとは思ってもみませんでした。

若い頃は農家の娘であることが嫌で、パン屋を開業してからは「農業なんて」「パン屋のくせ」にと言われたこともありました。

しかし、農業のお陰で視野を広げ多くのことに挑戦することができたのです。近頃は農業に興味を持ってくれる人が増えていることをうれしく思い、ますます魅力的な職業になるよう尽力したい限りです。

今こうして結果が現れてきましたが、ここに至るには多くの葛藤がありました。

シングルマザーとして2人の娘を育てていくためには、自営業よりも勤めに出た方が良いのではと考えた時期もあったのです。

というのも、朝、子どもたちが起きた時には、私はすでにお店にいて、子どもにさみしい思いをさせていると、ずっと罪悪感を抱いていたからです。

しかし、そんな私の悩みとは裏腹に、娘たちが「自分の夢」を抱くといううれしい成長がみられるようになりました。

突然、長女が「中学受験をしたい」と言い出し、次女も影響を受けて塾に通い始めました。働きながら日々塾の送迎をすることは簡単なことではありませんでした。

しかし、娘がみずから目標を持ったことを頼もしく思い、さみしい思いをさせてきた分、勉強する環境だけは整えようと懸命にサポートしました。

こうして、長女が富山県唯一の中高一貫校片山学園に合格。続いて次女も合格しました。子供の夢は親の夢になり、子供が親を人として成長させてくれました。「この仕事をしてきたからこそ、希望する学校へ通わせてあげられる」ことに喜びを感じました。

努力は裏切らない！やればできると信じて歩み続けたことで、経済的にも精神的にも豊かになり、それが子どもたちの夢をも、サポートすることにつながったのです。

突然ですが、あなたに夢はありますか。

おそらく、この本を手にしたあなたは、何かしら夢を持ち、何かを始めたいと考えているのではないでしょうか。

そして、「あなたの夢は何?」と聞かれて、すぐに答えが思い浮かんだ方は、きっと夢を叶えられる人です。

一歩踏み出すには勇気がいるかもしれません。でも、あなたに夢があるのなら、怖がらずにチャレンジしてみてください。

ときには夢を叶える過程で、嫌がらせを受けることがあるかもしれません。

しかし、それは「私もあなたみたいになりたいの!救ってほしいの」という合図にしか過ぎません。

何かを言われたら、「ありがとう、気にかけてくれて」と返せば良いのです。

すべての人に認められなくても、大丈夫。信じた道を歩めば、批判する人以上に多くの応援者が現れ、無限に可能性が広がります。

そして、一生懸命努力したことは無駄にはならず、心をひと回りもふた回りも大きくすることができるのです。

小さな一歩を突き進むことで、オリジナリティーのある世界が広がり、新たな経験ができます。意識の持ち方を少し変えるだけで、喜びや幸福感に満たされた人生になります。

日本の農業はもっとおもしろくなりますから、みなさん、楽しみにしていてくださいね。

女性の力で農業界をおもしろくしていこうではないか!

Message

「わたし」のブレイクスルー

大嫌いだった
実家の米作りから離れたことで、
はじめて米のすばらしさを知った。
その気づきから得た、
新たなミッションが「米粉を使ったパン」。
今までの自分から逸脱するために、
与えられたすべての環境と
人に感謝をしながら、
娘2人とともに、
新たなステージに向けて歩み出した。

小林 由紀子さんへの
お問合わせはコチラ

特定非営利活動法人メリーゴーランド 理事長
認可保育園経営

佐々木 久美子

専業主婦の生きづらさ、子育ての不安を機に保育園設立。園児とその母親の支援までも目指す園長のヒストリー

Profile

1964年、秋田県出身。愛国学園保育専門学校卒業後、公立保育園、認可外保育園、私立幼稚園の勤務を経て寿退職。長女の幼稚園入園を機に、元同僚と社会復帰と女性の自立応援を目指し「保育」の世界で起業を決意。

1999年、秋田県能代市で認可外保育園「ベビールームめりーごーらんど」を設立。2004年法人化、2009年認可保育園「つばめの森」を設立。子どもの保育だけでなく、不安を抱えながら子育てをする母親たちのサポートを導入した新しい保育園づくりを目指している。

1日の
スケジュール

Morning

6:30　起床・ペットのお世話・お掃除・朝食

9:00　つばめの森保育園へ出社

19:00　帰宅・ペットのお世話・夕食・洗濯

21:00　お風呂

22:30　宝塚タイム

24:00　就寝

Afternoon

女の自立はつらいよ

「どうよ、私たちの未来に希望はあるの?」

独身時代は保育士として勤め、結婚を機に退職しました。

当時は、専業主婦になることが女性にとっての幸せだと信じており、退職後は子育てに専念していたのです。

しかしながら、忙しくもやりがいのある仕事から離れたことで、社会からの疎外感や孤独感を味わうようになっていました、

家事や育児に追われ、金銭的に夫に負い目があり、社会的地位が低く扱われているように感じる毎日。

子どもが幼稚園に入ると、同じ道をたどった元同僚らと昼下がりに集まってはお茶をして「専業主婦」の心の葛藤を話し、愚痴を言うことで発散していました。

それでも現状が変わるわけではありません。

数ヶ月間「もう愚痴は出尽くした」と感じるほど散々現状への不満を吐き出すと、この

ままでは私たちの未来はないとはっきりと自覚しました。

そこで「未来に希望を持つために一歩前に進もう」と決意し、保育士の経験を活かし3人で託児所を作ることに。

居住地の秋田県能代市にはない保育サービスを展開して女性の自立のサポートをしようと考えたのです。

起業経験はありませんが、勝算がありました。

保育士の経験と、子育て中のママという当事者目線で「こんな保育があればなぁ」と、もどかしく思うことが多々あったからです。

そこで、①生後2ヶ月から就学前までの預かり②休日保育③夜間保育④在宅子育て家族でも利用できる一時預かり保育⑤子育てに不安を抱えたママが子どもと一緒に利用できる居場所作りの5つを掲げた託児所を作ることにしました。

市内の幼稚園・保育園が取り組んでいないサービス展開にきっとニーズがあると考えたのです。

なかでも夜間保育や休日保育などを実践することで、看護師や飲食店勤務の方が出産を機に離職せずキャリアを継続できると考えました。

また、育児中に感じた孤独や疎外感の経験から、子育ての不安を抱える人に寄り添う場所作りを目指しました。

夢と現実が入り交じった無謀な計画でしたが、この時はうまくいくことしか想像できず、3人で活動場所や人材確保、資金繰りなど役割分担し、私が資金繰りを担当しました。

しかし動き出すうちに現実の厳しさを突きつけられたのです。

事業計画を持って金融機関に融資の依頼にいくと「夢物語にお金は出せない」「起業なんかしなくても普通に保育園や幼稚園に勤めればいいでしょう」「専業主婦は実績が無いからお金は貸せない」と断られ続けます。

さらに「これで事業が成功したらたいしたものだ」とまで言われることも。

「そこまで言われる筋合いはありません」と、啖呵を切っては夫に愚痴を吐きました。

しかし、夫は共感してくれるどころか「そんな態度は絶対にとってはいけない」と叱責してくる始末。

行き場のない苛立ちを夫にぶつけることしかできませんでした。

それでも夫は冷静に「商売は簡単なものではない。どうして助けてって言えないの?」と言うのですが、この時は、絶対に夫の力なんて借りるものかと意固地になり助けを求められませんでした。

なんとか現状維持を打破しようと幼稚園時代の恩師に相談すると一筋の光が差しました。

「託児所ではなく認可外保育園を開設したら」と助言してくださったのです。

恩師は退職後保育園の管轄を担い、保育園の状況をよく知っていました。

「認可保育園の設立は難しいけれど、認可外保育園は比較的設立しやすい」「認可街保育園には行政の監督義務があり、託児所より信頼性が高まる」などと教えてくださいました。

その後、すぐに事業計画を練り直し、普段から銀行と取引のある夫に頭を下げて資金繰りをお願いしました。

「最初から俺を頼ればよかった」と言われたことが悔しくてたまりませんでしたが、当時は専業主婦に融資してくれる銀行がなかったため仕方ありませんでした。

夫から経済的に自立することを起爆剤に始めた事業でしたが、奇しくも夫がこの計画のキーパーソンになったのです。

開設資金と当面の運営資金合わせて５００万円の融資をようやく受けることができ、すでに仮押さえしていた賃貸物件の一軒家の契約も無事に済ませ、開設に向け一気に準備が進みました。

改装、園庭整備、保育士募集、園児募集、すべて同時進行で動き始め、多くの人の助けを借りて、思いついた日から３ヶ月で開園する準備が整ったのです。

認可外保育園開設、暗雲立ち込める女の自立

こうして1999年「ベビールームめりーごーらんど」を開園。

園名は遊園地のメリーゴーランドをイメージして名付けました。

馬や馬車に乗って喜ぶ子どもや家族、その周りでは家族やまったく関係のない人までも笑顔で幸せそうな雰囲気を作り出す……。

そんな地域の人までも幸せにする保育園を目指そうと決めたのです。

しかし、無事開園にこぎ着けたものの、開園から3ヶ月たっても、正式に入園手続きをしたのは2名のみ。

需要があると見込んでいた夜間保育や休日保育を希望する家庭はありませんでした。

融資を受けた私はその流れで園長＝経営者になり、立ち上げメンバーは無報酬。

このままでは成り立たないと、開園後も引き続き園児募集活動を続けました。

夜間・休日保育を必要とする家庭や職場へ足を運んで営業したり、電話帳の「あ」のページから一軒も逃さず電話をかけたりしました。

ときには飲食店と勘違いをされ、保育園であることを必死に説明を繰り返したことも。

インターネットがまだ普及していない時代ですからこうしたアナログな活動を根気強く続けたのです。

これだけ活動しても初年度半年でようやく集まった園児は5名。「手を引くなら今のうち」と一瞬頭をよぎりましたが目の前の5名があまりにも愛おしく、この子たちを大切にしようと決めて、続けたのです。

目の前の保育に専念し、地道な募集活動を続けた甲斐があり、次第に問い合わせが徐々に増え、気が付けば新年度は17人の申し込みがありました。

公務員、自営業、看護師が比較的多く、ニーズがあると見込んだ事業内容に間違いはなかったようです。

特に0歳児の利用が多く、用意していた部屋は赤ちゃんでいっぱいに。そこで各部屋にクーラーが行き届かないなど不便が起こったため、プレハブ3台を園庭の片隅に設置し保育室を広げました。

不思議なもので器が広くなると益々園児は増え、30人に迫るまで増えたのです。

喜んだのも束の間、園が賑やかになると「こんなに子どもを集めるとは思わなかった」「これ以上規模が大きくなるのであれば場所を変えてほしい」となど近隣住民から大家さんに苦情が入るようになりました。

メリーゴーランドのように周囲まで幸せにするどころか迷惑をかけているなんてと悲しみを覚えました。

園児を手放すわけにはいかず、借り入れの返済もまだあります。

途方に暮れていると、立ち上げメンバーの一人が知り合いの不動産に掛け合ってくれ、良い物件を紹介していただきました。

紹介されたのは地元スーパーの寮として建てられ、その後は縫製工場とアパートとして使用されていた百坪の鉄筋コンクリート立ての建物でした。

改修には公的な補助金制度が使えることも知り、より良い保育園になるチャンスだと捉え移転することにしたのです。

２０００年秋に無事引っ越し、移転後はさらに広大な土地で保育ができるようになると、それに伴って園児も増え、スタッフを雇うことにしました。

認可外保育園は保育士の資格が無い人を保育助手として働くことが許されているため「子育て経験のあるママ」をスタッフとして雇用しました。

子育てにおける喜怒哀楽を「共感」してくれる当事者意識のスタッフは、保護者にとって気兼ねなく相談ができる「心の拠り所」のような存在になったのです。

スタッフが園の雰囲気をより良いものとしてくれ開設時に思い描いた「子育てに前向きになれる保育園」に近づいていきたのです。

こうして困りごとのたびに解決策を見つけ拡大し、理想の保育園になりつつありました。ところが追い風に乗ってきた矢先、各地の認可外保育園で死亡事故が起きるニュースが相次いで報道されました。

すると認可外と言うだけで信用を得ることが難しくなったのです。

子育て支援と保育園の運営をしていることも「園児募集のための支援だ」などと、巷で噂されるようになりました。

次々と困難が訪れ、退職者も増え、立ち上げメンバーのうちの残ったのは私一人に。共に夢を語る人もいなくなり、スタッフを支えることができない自分が不甲斐なく、家に帰れば抜け殻のようになり、自然に涙が溢れました。

人生で感じたことのない孤独のなかで、気持ちに寄り添ってくれたのは夫でした。

夫はいつも泣くだけ泣くのを待ち、じっくりと話を聞いてくれたのです。

それでも素直になれない私は、夫のアドバイスを聞くことができず反論ばかり。

夫は他の人の話なら私も素直に聞くだろうと、その後の人生を大きく決定づける人を紹介してくれたのです。

ホップ・ステップ・認可保育園にジャンプ

訪れたのは市長室。

当時の豊澤市長は夫の古くからの知り合いで、保育園長をしていた経験もあり、直接話を聞いてくださったのです。

そこで、認可外保育園の運営の厳しさ、全国で起きている認可外保育園での事故報道の悪影響など、職員がどんなに頑張っても報われない現実を切々と訴え市民からの信頼を得て運営するための術をうかがいました。

また、園を立ち上げたときに認可保育園を目指していたことも伝えました。

市長は冷静かつ真摯に受け止め「今すぐ認可保育園にすることは難しいけれど、NPO法人にすることで信頼を得て展開できる可能性がある」「保育士を増やすことが大切」と2つの助言をくださったのです。

そこで、市内のNPO法人をリサーチしました。

そして市内の福祉系の2団体とNPO法人立ち上げ支援をしていたセンターを訪ね、運営に関するメリット・デメリットや立ち上げまでの流れを教わりました。

法人化することで「信頼」が得られることがわかったため、今度は法人格を取るために動きました。

こうして2004年4月NPO法人メリーゴーランド設立が認証されました。

市長のアドバイス通り有資格保育士の雇用を増やすと、入園児童数も80人を超えるまでになったのです。

法人格により信頼を得た上で次のステップ「認可保育園」にする目標へと突き進みました。

そんななか、厚生労働省に勤める方と知り合いました。

その方から「認可を得るためには自治体を説得することが必要。これまでの活動が社会に必要と考えるならそれが実現できるはず」と助言いただいたのです。

その言葉を胸に、再び市役所に向かったのは開設から10年を迎えた2009年のことでした。

それまで保育園の担当を何度も訪ね、認可保育園設置の必要性を訴えたのです。

夢を叶えることは未来への一歩

そして3度目に訪れた時、担当課の女性係長が直接話を聞いてくれました。

この頃「待機児童」が問題視されていましたが、能代市では待機児童ゼロと、保育が十分であるような数値が出されていました。

しかしながら、それは市内に認可外保育園が4園あり、それらが園児の預かりを担っていたからなのです。

そこで、認可保育園に入れずに高額な保育料を払って認可外保育園に預ける家庭があることや、保育の質が認可保育園よりも劣ってしまう園があることなどの現状を伝えました。

つまり能代市は待機児童が実質ゼロでは無い旨を認識してもらい、質の良い保育を提供できる認可保育園を増やすべきという提案をし、受け入れていただいたのです。

こうして「ベビールームめりーごーらんど」は2010年念願の認可保育園になり「つばめの森保育園」と園名を改め再始動しました。

定員30人、対象は0歳〜2歳児の小さな保育園の誕生です。

子育て中に経験した社会からの疎外感や、憧れていたはずの専業主婦の生きづらさをなんとかしたいという不満がきっかけで、家庭を持ちながらも、女性が自分らしく生きられるようにしようと始まったこのプロジェクト。

一人で叶えることが困難な夢でも、同じ方向を見てくれる人が心の支えになり、ここまで進んできました。

私の見た夢によって、自分らしく働ける女性が増え、その喜びの声を聞くことが何よりの喜びとなりここまできたのです。

令和5年4月1日、つばめの森保育園は新たなスタート地点に立ちました。

これまで職員とともに培った保育を実践するべく集大成として同年3月に完成した新園舎は、杉をふんだんに使って森林をイメージし建築総工費は3億（補助金＋借入金＋自己資金）を超える大事業となりました。

森では園児も職員も、心豊かに生き生きのびのび輝きながら日々を過ごしています。

私の夢をひたすらサポートしてきた夫と共に、新園舎の完成を喜びたいと思っていましたが、夫は完成を待たずに天国に旅立ってしまいました。

一番の理解者は最も口うるさく、最も厳しく、最も必要な影の立役者でした。

夫からの自立を図った計画だったはずが、夫の力添えがあって起業ができ、やがて夫婦ともに同じ夢を追いかける同志となりました。

最初から最後までずっと夫に助けられてきたのです。

夫がいない今、経営者としての自分が試される時が来ています。

でも怖くはありません。

もうこの世にはいませんが、これまで何があってもずっと一緒にいてくれた夫の不器用な愛情が、私を強くしてくれたからです。

困難がきたときこそ本当に自分が目指すものが問われるとき。

困難はいつもチャンスで、一つ乗り越えては夢に近づき、誰かの人生を豊かにすることを実感しています。

あなたが夢を叶える時に困難や壁がやってきたとしたら、それがあなたの心から望むことへの強い後押しになる。

だから、どんなことが起きても、それは目的地にたどり着くための伏線に過ぎないと、夢を夢で終わらせない信念をもって未来に臨んでくださいね。

あなたらしく満足のいく人生を送ることが、誰かの幸せにつながっていくのですから。

Message

「わたし」のブレイクスルー

専業主婦の不満、
夫への愚痴を、同僚と話しては
発散する日々。
ある日、このままでは何も変わらないと、
自立を決意した瞬間。
ブレイクスルーが訪れた。

佐々木 久美子さんへの
お問合わせはコチラ

mico.株式会社 代表取締役
アイラッシュサロン経営

髙橋 葵

経験も知り合いも
ゼロでサロンオープン。
「自己肯定感が
高まるサロン」
オーナーの満席メソッド

Profile

1985年、岩手県出身。20歳で結婚出産後、22歳でネイルサロンを開業。7年経営していたが夫の転勤を機に廃業。仙台に転居したのを気に美容専門学校に通い美容師免許を取得。卒業後は念願だったアイリストの道へ。しかし入社半年で新型コロナの影響で部門撤退に。就職先が見つからず、一念発起しほぼ未経験でサロンをオープン。今では予約のとれないサロンで有名になり、2店舗目を2022年にオープンした。

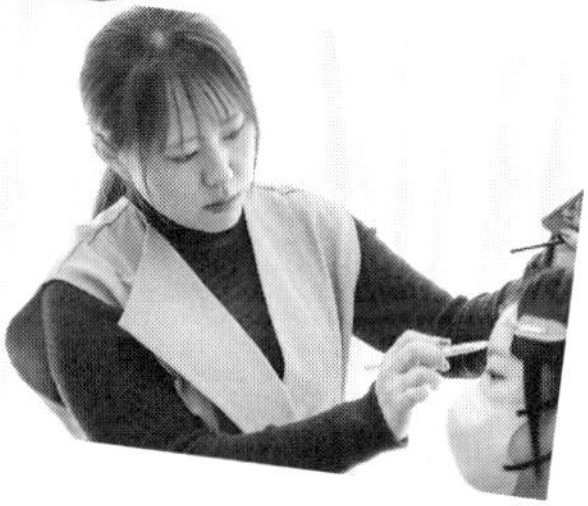

1日の
スケジュール

Morning

6:00 起床・
スケジュールチェック

7:00 朝食・家事

8:30 サロンへ出社

9:00 打ち合わせ

10:30 サロンワーク

19:00 スタッフとミーティング

20:30 帰宅

22:00 事務作業

23:30 インスタグラム更新

0:00 就寝

Afternoon

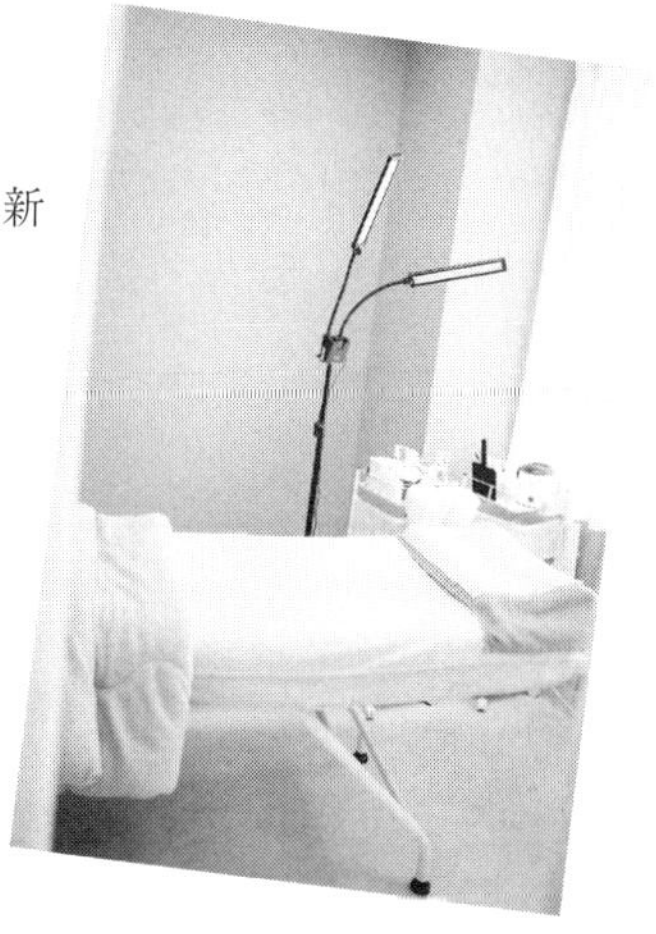

コロナ禍でのマイナススタート

「何かを始めるには遅すぎることはない」

誰もが一度は耳にする言葉です。

しかし、現実には年齢的に遅いとされることが多くあります。

私自身、年齢やキャリアの壁に悩み、苦しみました。

そして、このままではいけないと動き出し、経営者の道を歩み出したのです。

20歳で結婚、出産し、22歳の時に2人目を出産して若き母親になりました。

子どもを育てながら働けるよう、ネイルを独学で勉強し、自宅サロンを開業。

翌年には店舗を構え、ネイリストとして多忙な毎日を送っていました。

ところが、ネイルの細粒によりダストアレルギーを発症し喘息になったのです。

続けることは難しいと考えるようになり、夫の転勤を機に、7年間営業したサロンを廃業しました。

転居後、知らない土地で慣れない環境だったこともあり、幼い子どものため時間の融通が効くパート事務として働いていました。

　しかし、30歳を迎えて年齢の節目にぶつかり、「このままで良いのか、このまま年老いていくのか」と急に漠然とした不安を覚え、自身の将来について考えるようになりました。

「美容に携わる仕事がしたい、資格がほしい」これが私の考え着いた答えでした。

　そこで、「美容師免許を取得したい」と夫に相談し家計から授業料を捻出してもらい、通信制の美容専門学校に入学しました。

　仕事、家事、育児、勉強と多忙な３年間を過ごし33歳で免許を取得。卒業後はなかなか就職先に恵まれず、半年後にようやくアイリストとしての仕事が決まりました。

　33歳の新人として入社すると、社員だけでなく社長ですら年下で驚きました。

　そして、経験がない世界で、年齢的にも新しいことを覚えるのに苦戦する毎日。

　さらに入社して３、４ヶ月ころ、新型コロナウイルス感染症が拡大したことで、しばらくお店が休業になりそのまま退職することになったのです。

　この時私は34歳。34歳の新人をコロナ禍で雇ってくれるお店はなく、面接を受けようにも経験年数などで弾かれてしまい、技術職の厳しさを知りました。

　２００万円以上の専門学校費を家計から捻出し、子どもに我慢をさせ、夫に迷惑をかけながら免許を取得したのに、結局私は何者にもなれずに終わるのか……。

仕事ができるようになるまでに何年かかるのか、コロナ禍で経験年数がないまま就職はできるのか、どこかに就職できたとしていつまでできるのか、目が見えなくなるとできない仕事で何年アイリストができるのか……。

将来の不安と家族への申し訳なさでいっぱいになりました。

35歳を目前に、年齢とキャリアの壁にぶつかったのです。

「雇ってくれないのなら、思い切って自分でお店を出してみようか」との考えがよぎったのは何度目かの書類選考に落ちた時のことでした。

経験もなく開業なんて無謀な考えかもしれません。

しかし、努力して取得した免許を無駄にはできないと思い、挑戦することに決めたのです。

それでもうまくいかなければアイリストは諦めて普通に働こうと覚悟しました。

経験年数はわずか半年足らず、地元ではないため知り合いもおらず顧客ゼロ。

オープンに向けてコロナ禍でのマイナススタートを切ったのです。

マイナススタートから2店舗を出すまでに

開業資金も夫に頼み、再び家計から100万円を捻出してもらいました。

「1年やって軌道に乗らなければ閉店する」と夫に約束をして、始めたのです。

このころは、まだ新型コロナウイルスの流行が拡大し始めて1年未満で、軒並みにお店が閉店したり、縮小したりと先の見通しの立たない状況でした。

そんな時に、仙台駅前の小さな店舗物件と出会ったのです。

エレベーターなしの5階、1席置くのが精一杯の狭い、難あり物件でした。

しかし、駅から徒歩4分の好立地で、リフォームしたばかりの綺麗な内装を見て「ここしかない」と心が決まったのです。

物件を決めた後すぐに、サロンオープンに向けてマーケティング準備を始めました。

以前勤めていたサロンは30~40代の大人の女性を対象に高単価で、豪華な内装、高い技術力、徹底したサービスと接客をする人気店でした。

しかし、コロナ禍で多くの方が経済的にも打撃を受けたり、お子さんの学校が休校になったりしたことであっという間に閉店に追い込まれたのです。

この経験からコロナ禍でオープンするには若年層をターゲットにしようと考えました。

仙台は学生の街と言われることもありターゲット層として適していると確信していました。

また、若年層はSNSの利用率が高く、その力を広告として集客したいと考えたのです。

こうして、単価の設定や、メニュー内容など若年層に向けたマーケティング計画を練り、お店をオープンさせたのです。

顧客も技術も経験もないなかオープンし、不安ももちろんありましたが、このマーケティング計画が功を奏し紆余曲折を乗り越え、半年も待たずに予約満席のお店へと成長したのです。


一方、満席になることで、新たな悩みが出てきました。

予約が取れないということは、他店へ流れる、つまり失客するということです。また、自身の体調を崩すと、予約をすべてお断りしなければならず、いつも満席のため予約を変更する空きがないという悪循環が起こりました。

そんなとき、独立を考えているアイリストと出会いました。

施術を受けると「この子とならできる」と確信し、スカウトしました。

一度は断られたものの、諦めずに口説き落とし、オープンから1年後に広い店舗へ移転し2人体制でお店を営業し始めました。

すると、移転オープンの翌月から満席になり、翌年新たに従業員を雇用しました。次第に、「予約の取れない満席サロン」と口コミが広がり、予約サイトでも「脅威の集客力」と言われるようになりました。

顧客も技術もまったくないままスタートし、1年半で株式会社に、2年目で2号店をオープンし3ヶ月で満席にすることができました。

大切なのは経験年数や顧客数ではなく、お客様に真摯であること、努力を惜しまないこと、また、冷静な判断と行動力をもつこと。そして、自分自身を信じることだと実感しています。

これが私の「満席メソッド」の基盤となっているのです。

満席メソッドができるまで

コロナ禍でのオープンに加え、顧客ゼロ、技術ゼロというマイナスの状態からのスタートでしたがマーケティングとリサーチに力を入れ、開業計画をしっかりと立てることにしました。

まずは競合の店舗数や値段を調べ、それぞれの店舗の特徴を分析しました。

また、告知宣伝に関しては、ターゲット層を「学生」としていたことから、ターゲット層が利用をするＳＮＳを活用しようと、インスタグラムを開設しました。

技術力不足を補うという点に関しては、ネイリスト時代や、美容師免許を取得する際に「人一倍努力した経験」を活かし「練習」をすることで技術を向上させました。

このころ、マスク生活で目もとへの関心が高まりまつ毛パーマが流行。施術方法の知識はありましたが、技術はなく、練習モデルを募集し１００人施術したら開業すると目標を定めたのです。

ところが、思うより簡単にはいきませんでした。練習モデルの募集をかけたものの毎日が失敗の連続だったのです。

技術がなく、指導者もおらず、わからないことさえわからない状態で、一番辛い時期でした。

自身の不甲斐なさに悔しく苦しみましたが、失敗されて1番辛いのはお客様だと思い直し、同じ失敗を繰り返さないために記録をつけることにしました。

そこで、写真を撮っては何度も見直し、うまく行かなかった時は謝り、納得していただくまでお直ししました。

なかには3回もお直しに来てもらったこともありました。

3回目で綺麗に仕上がった時にはお客様と手をとって喜び合い、そこからはリピーターとして、今でも通ってくださいます。

こうして100人を超えたころ、ようやく技術に自信がつき開業へと踏み切ることができたのです。

丁寧なカウンセリングとお客様に寄り添った接客、そしてターゲット層に合わせて学割価格を作ったことで他サロンと差別化ができ3ヶ月で満席にすることができました。

「どうやって満席にしたの」とよく聞かれますが、その秘訣はお金をかけた集客ではなく「来てくださったお客様と真剣に向き合ったこと」がすべてです。

お客様がされてうれしいことを考え続け「少しでも気分良く帰って欲しい」「かわいく

なって自信を持って欲しい」その一心で施術することが大切なのです。

魅力を最大限引き出すにはお客様をよく知ることから始めなくてはいけません。施術に慣れると目元だけを見て施術に入り、流れ作業になることがありますが、それだけは絶対にしてはいけません。

私たちにとってはいつもの仕事の1日で、何人もいるうちの1人に過ぎないかもしれませんが、お客様にとっては違います。

お客様にとってこの日は、特別な1日―結婚式の前日、告白する日、プロポーズされる日―かもしれないのです。

想像してみてください。もしも、お客様が「恋人だったら」「娘だったら」「大事な親友だったら」……丁寧に施術し、絶対に手を抜かないでしょう。

すべてのお客様にその意識を持つ大切さを、スタッフにも日々伝えています。

難しいことではありません。自分がされて嫌だと思うことはせず、されてうれしいことをすれば良いのです。

このように「お客様を特別な大切な人として施術する」という当たり前のことをするうちに「自己肯定感の上がるサロン」と言われるようになり私の『満席メソッド』が完成したのです。

母であり妻であり経営者として

20歳で妻になり母になり、家庭と仕事の両立についていつも悩んできました。

男女平等などと言われる時代ですが、平等というのは難しいものだと感じています。

出産をするのは女性ですし、産休・育休を取ればその分キャリアが失われます。

子育てに協力的な夫「イクメン」という言葉がありますが、そもそも女性は「子育てに協力的な母親」なんて言われることはないでしょう。

子どもたちは大切な存在ですが、「母親」という役割にはずっと息苦しさを感じていました。

正解のない子育て、子どもの将来を一手に請け負ったようなプレッシャー、仕事をしていても女性に家事の負担がかかる不平等感、そして、良い母親になりきれない罪悪感。

また、収入が少ないことで夫の下の立場であると感じており、いつも夫にお伺いを立ててから「お金を使わせてもらっていた」のです。

ある日、一人ですべて担うことに限界を感じ、「家事を手伝ってほしい」と夫にお願いすると「俺の収入を超えてから言え」と言われたことがあります。

この一言が私の心に火をつけました。

「いつか絶対夫の年収を越えてやる」。強い思いが行動を起こす原動力となったのです。

そして経済的に安定した今、家族の関係に変化が起こりました。

夫が休みの日は料理や掃除をしてくれるようになったのです。また、私も責任ある立場で働くことで夫の仕事への考えが理解できるようになりました。

今思えば夫も若くして家族の生活を支えるプレッシャーがあり、家事までする余裕がなかったのでしょう（言われた一言は決して忘れませんけどね！）。

良い意味で、今はライバルとなりお互いを尊重しながら協力し合って生活しています。

そして、あんなに悩んだ子育てはあっという間に過ぎるもので、上の娘は今年で18歳になり、美容師という夢に向かっています。

下の娘は私が仕事で家を開けている間に食事を作ってくれるようになりました。手作りのバックや一緒にお菓子を作ってあげるようなことはできない母親でしたが、2人の成長に幸せを感じます。

私の背中を見て彼女達がどう思うかはわかりませんが、「かっこいい母親」であるよう生きたいと思います。

そして私は今、新たな大きな目標に向かって進み始めています。

それは、「女性が働きやすい社会をサポートすること」です。

例えば、アイリストは女性が多く、また年齢を重ねると視力の低下などの理由で仕事自体が難しくなる場合があります。

年齢で仕事に制限がかかるなんて、こんなにも悔しいことはありません。

アイリストだけではなくこれは美容業界全体、ひいては女性全体に言えることでしょう。

まだまだこの社会には、女性であることによる生きにくさが多くあります。

年齢やキャリアでの壁、家事や育児や介護などの負担が女性にかかり、経済的自立をすることをはばみます。

そこで、今後は少しずつ経営や教育に仕事をシフトし、従業員が最後まで働き経済的自立ができる雇用環境を作ることを目標に日々頑張っていこうと思います。

子育てと仕事の両立、キャリア、結婚、出産、離婚、または独身を選択したとしても、胸を張って力強く生きられるようにサポートできるそんな会社を作りたいのです。

最後に。

誰でも1日の時間は平等で、人生の終わりは等しくやってきます。

生きて働く、ただそれだけです。

毎日はドラマのように劇的ではなく、唐突に自分の人生が華やかになることも滅多にありません。

しかし、どう生きるか、日々を選択するのは自分自身です。

何を考え、どう行動するのかは、自分で決められるのです。

成功している人もしていない人も、所詮は同じ人間です。

誰かにできて、あなたにできないことなどありません。

誰かが成し遂げたことは、あなたもできるのです。

感謝や努力を忘れず、巡ってきたチャンスは必ずつかみ進みましょう。

「だって」や「私なんか」と、できない理由を考えるのではなく「どうしたらできるか」を考え続け行動するのです。


未来は自分自身が積み重ねてきた今日でできています。

それだけは忘れずに今日を過ごしてくださいね。

Message

「わたし」のブレイクスルー

30歳を過ぎ、キャリアも経験もないなかで、
「やってみないとわからない」と
開業したからこそ、
想像以上の未来が待っていた。
あなたも、未完なままで、
興味のある世界へ飛び込んでみよう。
その勇気がきっと、
ブレイクスルーのきっかけになる。

髙橋 葵さんへの
お問合わせはコチラ

お菓子工房「Dolce&Merenda」オーナー
スイーツ店経営

高橋 由香里

夫とイタリア留学、
レストラン開業するも、
すれ違いからうつ病に。
起業で自分らしさを
取り戻すまでのストーリー

Profile

1978年、徳島県出身。大学卒業後大手医療系企業に就職。事務、人事など様々な部署で約10年勤める。「自分の店を持ちたい」という調理師の夫の夢を叶えようと退職し、2013年春、夫婦で１年間イタリアへ留学。パティシエの修行をする。帰国後開業準備を経て、2016年３月お山のイタリアンレストラン「オンベリーコ」を夫婦でオープン。デザートや経理などを担当するも、うつ病となり起業を決意。2021年11月お菓子工房「Dolce&Merenda」を開業する。

1日の
スケジュール

Morning

5:50　起床

6:00　出勤、パンの発酵・焼成、
生菓子の製造、掃除

10:00　オープン、サンド、ドリンクの製造や
接客（合間に焼き菓子の製造・包装）

18:00　クローズ、パンの仕込み、
生菓子の計量、厨房掃除

20:00　帰宅、シャワー

21:00　就寝

Afternoon

「いつか自分の店舗を」夫の夢を叶えるべくイタリアへ留学

「自分の店を持ちたい」

ホテルでシェフをしていた夫は出会った時から、大きな夢を語っていました。

一方、一般企業の事務職だった私は経営とは無縁で、夫が夢の実現に向けて動く様子もなかったため、いつも「ふうん」と聞き流していました。

子どもに恵まれないまま30歳になり、将来について話し合ううちに、夫の夢が本気であることを初めて知り驚きと焦りを感じたものです。

「このままでは実現せずに夢のままで終わってしまうよ」と発破をかけ「何料理の店なのか」「何歳で店を持ちたいのか」「お金はいくらかかるのか」など、実現に向けて具体的に話し合いました。

次第にイタリア料理店を開きたいことが明確になり、夫が料理を、私が経理やホールを担当すれば小さな店が持てるだろうと道筋が立ちました。

そして「本場を知らないままオープンするのではなく、1年間留学したい」という夫の想いを聞いて、同じ空気を吸い、同じものを食べようと、2人でイタリア留学をすることにしたのです。

それから1年間、独学でイタリア語を必死で勉強し、仕事を掛け持ちしながら資金を貯め、2013年4月、イタリアのトスカーナ州フィレンツェとカステルヌオーヴォ・ベラルデンガという町に留学しました。

夫はレストランで、私はパスティッチェリア、ジェラテリア（お菓子店、アイスクリーム店）で修行し、休日はとにかく食べ歩き。

ときには数日間休みをもらって各地へ出向き、大好きなオペラやサッカー観戦もせず「伝統料理」を食べ尽くしました。

1年間のイタリア生活を経て、お世話になった人々に「2年後には自分達の店をオープンする」と約束し、帰国しました。

帰国後2年間は、レストランでホールの仕事を学びながら、休日にイタリアで学んだお菓子を作り「日本人はこういう味は好きじゃないかな」「イタリア人ならどう作るかな」など試行錯誤し、オリジナルのレシピ帳を完成させました。

事務職から飲食業への転職は、安定した人生において勇気がいる挑戦でした。

しかし、夫の夢を叶えようと、デザート作りにイタリア語と必死で学んだ経験が、私にとって大切な転機となったのです。

お山のイタリアンレストラン「オンベリーコ」オープン

帰国から約束した2年が経ち、2016年3月、ついに、お山のイタリアンレストラン「オンベリーコ」を、高知県北部の土佐町にオープン。

四国の中心に位置することから、イタリア語で「おへそ」を意味する言葉を店名にしました。

夫婦ともにゆかりがない町でしたが、土佐町に足を踏み入れた時、留学していた「カステルヌオーヴォ・ベラルデンガ」のゆったりとした町並みに似ていることに気づきました。人口もほぼ同じ、人と人の距離が身近であるなど類似点が多く、大家さんが親切だったことも後押しし、この地に決めたのです。

ただ、この町でイタリアンの店をオープンするのは大きな決断でした。

新参者に対する地元の方の意見は時に厳しく、オープン前にも「おいしかったら行くけどまずかったら行かんで」と冗談混じりに言われたことも。

しかしそんな不安も忘れるほど、オープン直後から客足は順調な滑り出しを見せ、2、3時間待ちいただくほどの人気店になりました。

高知市内から約1時間のお店ですが、町外から訪れる方が約9割。忙しい日の最後のお客さんは、16時にランチがスタートすることもあるほど、予約でいっぱいのお店となりました。

こういうありがたい状態が続いたのは2つの工夫をしたからだと思います。

オープン直後はどんな店であれ、興味本位でお客さんは来てくれます。しかし、その後も定期的に足を運んでもらうお店にするにはお客さんが飽きないメニューの工夫が必須だと考えました。

そこで、パスタにサラダといったどこにでもあるような内容にならないよう、お手頃価格に設定し、前菜をつけボリュームのあるお得感をアピールしました。

また、本場のイタリア料理にはない「ナポリタン」や「タラコのクリームスパゲティ」は避けトスカーナ州の伝統料理を提供しました。

要するに「なんちゃってイタリアン」ではなく本場の味を楽しんでいただくよう意識したのです。

たとえば、日本でも関東と関西のお味噌汁の味が異なるように、イタリアでも地域により特徴があります。

トスカーナ地方は海がない地域が多いことから肉料理が多く、味付けが濃いという特徴があります。

そこで、お店では「トスカーナらしさ」をそのまま楽しめるようにしたのです。

もう一つ工夫したことは「発信」です。

中心市街から離れた山奥にあるお店ですから、遠くまで足を運んでもらう必要がありま す。そのためには、お店の存在や料理を知ってもらうことが先決です。

そこで「忘れられたらおしまいだ」と肝に銘じ、日替わりで変わるメニューを「ランチ」「ディナー」に分け撮影をし、SNSで発信しました。

一人でも多くの方に足を運んでいただけるようにきっかけを作ったのです。

このような小さな工夫からリピーターさんが増え、お店の経営は順風満帆となりました。

一方で、休む間もないほど忙しくなり、夫が疲れやプレッシャーから苛立つことが増え、その矛先が私に向けられるようになりました。

最初は、「私がもっと頑張れば」と努力し続けたのですが、次第にご飯がのどを通らなくなり、体重が30キロも落ち、とつぜん訳もなく涙が溢れるようになりました。

お客さんには精一杯の笑顔で接客しているため、私の異変に気づかれることはありませんでしたが、ある日「早明浦ダムに飛び込んでしまいたい」と思うほど気持ちが追い詰められ、精神科を受診すると、そのまま入院となりました。

うつ病を患っていたのです。

半年以上入院し、退院後も入退院を繰り返すなかで気づいたのは、「夫といる時間を減らした方が良い」ということ。

つまり、病気を患ったことで、夫の夢を守るために自分を犠牲にしていたことに、ようやく気づいたのです。

そこで、オンベリーコを離れて別の場所で働こうと、近くのスーパーにパートで勤めることにしました。しかし、精神状態に波があるため、長くは続けられませんでした。

どこに行ってもだめだ……と絶望に似た気持ちのなかでひらめいたのは「自分だけの店を開業する」ことでした。

嬉々とした気持ちで夫や家族に話すと、「入退院している人が自分の店を持つなんて」と当然のごとく反対されました。

しかし、その反対を受けても、動じることはありませんでした。入退院を繰り返し、何日も起きられない日が続くからこそ、どこかに勤めるより自分のペースで働ける場所を作った方が良いと確信していたからです。

何よりイタリアで勉強してきた腕があると自負し、周囲の反対を押し切り入院中に開業準備を始めました。

うつ病でも起業できる！

退院後、反対する両親や夫を説得しながら、「オンベリーコ」から徒歩1分の空き店舗をへそくりで借り、イタリアパンとお菓子のお店を開業しました。

優雅な食事をゆったりと楽しむオンベリーコに対し、時間がない人にも「気軽に本場のイタリアン」を楽しめるようイートインもテイクアウトもできるお店にしたのです。

軽食にはイタリア産、高知県産の材料を使って焼いたフォカッチャやチャバタに、生ハムやチーズを挟んだサンドを、お菓子は日本ではあまり知られていない焼菓子（ズブリゾローナ、カントゥッチなど）や生菓子（ティラミス、パンナコッタなど）を作り提供しています。

すると、私のお店のパンやお菓子を夫の店で提供したり、夫の店で食事をした人が帰りに寄ってお菓子を買ってくれたりと、店舗を分けたことによって系列店としても相乗効果がありました。

夫とはたった1分の距離ですが、同じ空間にいないことでお互いの負担が軽減され、関係性が改善し、精神的にも経済的にも夫から自立することができました。

こうしてうつ病を患ったまま起業したことで、夫との関係性、自分自身の体調さえも、改善に向かったのです。

病気と付き合いながら起業なんて無理だ、と多くの人は思うことでしょう。

たしかに病気になると、当たり前のようにできていたことができなくなります。

しかし、何もできない無力な自分を許し、誰かの助けを借り、周りの人の温かさを素直に受け取ることができれば、病気でも起業をすることが可能だということを肌で感じました。

たとえば、オープンを2ヶ月後に控えた大切な時期に、体調を崩し入院したときも、業者さんがＬＩＮＥのやり取りだけでお店作りを進めてくださったため、予定通りオープンすることができました。

現在も、体調により長期休暇を取ることもありますが、お客さんは事情を理解してくれ、離れるどころか温かい言葉をかけてくれる方もいます。

それに、この本を執筆している今も入院中です。

「夏休みをいただきます」とお店に張り紙をし、病室で療養しながらこうして執筆をしています。

素直な自分を受け入れること。そして、それを素直に周囲の人に伝えることで、人は助けてくれるのだと実感しました。

そういう温かい人に助けられながら、次々と夢を実現することができたのです。

これからも1年に1回くらいはこのように長期休暇を取りながら経営することになるかもしれません。

日本では1ヶ月以上仕事を休むなんて考え難いでしょうが、イタリア人は夏に2ヶ月もバカンスを取るのですから、良いではありませんか。

病気と付き合いながら、調子が悪い時は休み、周囲の人の助けや温かさを受け取りながらマイペースに働いていく予定です。

病気があるから「できない」ということはない！

起業と聞くと、一攫千金を狙うようなイメージを持つ方もいるかもしれませんが、大儲けすることを目指す必要はありません。

「自分のペースで働き、生きていけるくらい稼ぐ」ことを可能にするのも立派な起業です。

やりたいこと、好きなことを、自分のペースでできる起業は、じつはうつ病の人に向いている働き方だと思っています。

そして、他の精神疾患、また他の病気があっても起業や好きなことをすることができると考えています。

「病気があるから人に迷惑をかける」「病気で動けないからできないことばかり」などと思ってしまうのは当然のことでしょう。

元気な頃に比べて、できることが減った人も多いことでしょう。

だからこそ今「助けて」と言う時が来ているのです。

あなたはもしかしたら私のように「助けて」と言えずに生きてきたのではないでしょうか。

私はずっと誰にも助けを求められず「まだ頑張れる」と走り続けてうつ病になり、頑張っても、頑張っても何もできない状態が続きました。

入退院を繰り返すなかで、たくさんの人―主治医、看護師、相談員、当然ながら家族や友人―が助けようと手を差し伸べてくれていることにようやく気づいたのです。

その助けを受け取ることができるようになったから、起業ができたのです。

もしそのことに気づかず一人で頑張っていたら、お店はできておらず症状も悪化していたことでしょう。

病気になったことで、人の助けを受け取りながら、自分の願いを叶えてあげられるようになったのです。


それから病気を抱えながら起業をしようと思っている方にもう一つ必要なことがあります。

それは「自分自身を満たしてあげること」です。

あなたは、自分のことを差し置いてでも「誰かのために」と、頑張ってきたのかもしれませんね。

これからは自分自身をマネジメントするように調整し、必要なものを満たしていくことが大切です。

たとえば

・疲れる前に休む、大丈夫と言わずに少し甘えてみる。
・どれだけ働きたくても8時間は睡眠を確保する。
・頑張るなら他の事を諦める。
・常に120%で出し切っている力を80%程にとどめ、余力を残しておく。
・1日を振り返り、日記を書く。
・食事はお菓子やアイスで済ませず、少しでも栄養を摂るようにする。

などもっと動きたくなってもストップをかけ、人間に必要な睡眠と栄養を満たしてあげます。

また、ゼリー飲料やビタミン系のサプリ、冷凍のおかずセットやスープ、サラダなどを準備しておくことで、寝込んだ時や食事を作る元気がないときも、安心して対応することができます。

こうした細かな調整が、病気と共に生きていく上で大切なことなのです。

これからは繊細な花を育てるように、栄養や睡眠が不足していないか常に自身に尋ねて補給してあげましょう。

人に助けを求めることと、自分自身を満たしてあげることで病気でも無理なく好きなことに挑戦できます。

私は現在もうつ病ですが、一歩一歩練習しながら、好きなことを好きなようにすることができ、心が求める小さな希望が満たされる幸せをかみしめています。周りの方の助けや想いを受け取り「私が、私を」大切にしてくれるという喜びを感じながら、仕事や生きることを楽しんでいます。

起業を通して自分を大切にすることを覚え、生き直しているようです。

今病気で苦しんでいるあなたも、そのままのあなたで好きなことをして生きられる日が来ますように。

Message

「わたし」のブレイクスルー

頑張ることしか知らなかった私が
うつ病を機に「逃げる」「明日に回す」
そして「助けを求める」と
今まで絶対にできなかったことをした。
これが私のブレイクスルー。
助けを求めることができれば、
あなたが今どんな状態でも、
夢を叶えることができるのです。

高橋 由香里さんへの
お問合わせはコチラ

たどトラベルサロン 代表
旅行業

玉野英美

流されるままに
経営者に!
女性目線と地域密着で、
地元で愛される旅行会社へ

Profile

1969年、三重県出身。短大学卒業後、バブル絶頂期の中、小企業の旅行会社へ就職し、上司が旅行会社を立ち上げについて行く。転職後結婚するも、子宝に恵まれず8年間の結婚生活の後、離婚。離婚後半年で、先代社長が他界。2004年に意志を息継ぎ「たどトラベルサロン」経営者となる。2018年に移転し、翌年に農園喫茶「Sunny hill」を併設。

1日の
スケジュール

Morning

7:30　起床・朝食

9:30　旅行会社へ出社

17:30　会議に参加・知人と夕食

22:00　帰宅

24:00　就寝

Afternoon

いつも思いとは違う道へ

小中高と平凡に過ごし、特に夢見る職業もないまま大学受験を迎えました。祖父と父は教師、姉は保育士という公務員一家でしたが、私は「そんな力もやる気もない」と思っていました。

大学受験では第1希望ではない短大の体育学部に合格。体育教師を志望していたわけではないものの、教員免許は取得しなければならないだろうと思い、免許取得の科目を受講していました。

しかし、単位を落としたため、そのまま免許取得を断念。

このころ、周りの友人らの就職先が決まり出し、焦りを感じるようになりました。そこで慌てて、短大に張り出された就職募集を見て就職先を探したのです。

そして、募集のあった地元の会社に応募し、面接に行きました。

しかし、面接会場に入るやいなや、すでに内定者が決まっていることを聞かされたのです。

当時はバブル期真っ只中。この時は、コネ採用が頻繁にあるようでした。

「なぜわざわざ呼ばれたのか」と落胆して帰ろうとすると、その場で子会社の旅行会社への採用を打診されたのです。

その打診には少しばかり戸惑いました。

というのも、叔父が大手旅行会社に勤め、単身赴任で多忙な毎日を過ごしていたのを見て、「旅行会社に就職するには人生を仕事に捧げる覚悟が必要だ」と思っていたからです。

私は当時、普通のOLを経て寿退社することを夢見ており、仕事に没頭するタイプではないと自覚し、それこそが幸せだと信じていました。

ですから、多忙な旅行会社などとても勤められないと考えたのです。

しかし、無職というわけにはいかないと思い、まずは就職しようと内定を受けました。

1990年に事務職で入社すると、想像通りの多忙な日々が待っていました。

ありがたいことに、上司には恵まれていたものの、業務過多に嫌気がさし、「早く寿退社したい」と思う毎日でした。

3年ほど経ったある日、信頼していた上司が定年退職を迎えました。

その際、上司から「旅行会社を立ち上げるので付いてきてほしい」と提案されたのです。

信頼していた上司からの提案がうれしく、在職中に免許も取得できましたので、退職して上司についていくことにしました。

新しく上司が立てた会社に入社すると、非常にゆったりと仕事ができました。

お客様や他の社員との人間関係も良く、働きがいを感じるようになっていました。

そして、再就職して2年目で結婚。

寿退社を夢見ていたものの、あまりにも居心地が良い会社で、やりがいを感じるようになっていたため子供ができるまでと、働き続けることにしました。

ただ、結婚生活では、子宝に恵まれず、長く不妊治療を続け3回の流産も経験しました。

治療費がかさみ、次第に夫婦仲も悪化したため、結婚生活8年で離婚。

これから一人で生きていくためにも会社員として働いていかなければと覚悟を決めたのです。

そんな矢先のこと、元上司である社長が突然病床に臥しました。

お見舞いに行くと、「もしものことがあったら、あなたに跡を引き継いでほしい」と言うのです。

そして、入院して2ヶ月後に他界。

それは離婚から半年後のことで、心の整理もできないまま、信頼する社長まで失ってしまったのです。

ただ、社長の意志を引き継がなければという一心で、他の社員の後押しもあり、悩む間もなく代表になりました。

もしも離婚も上司の他界もなければこのまま会社員を続けていたことでしょう。

しかし、自分の意思ではなく、運命のようにことが決まり、流されながら経営者になってしまったのです。

三重県の北端に位置する山に囲まれた田舎で、女性経営者はこの頃ほとんどおらず、自信はまったくありませんでした。

それでも、気持ちだけは前を向き、両親にも借金が出来るまでやらせて欲しいと懇願しがむしゃらに動き出したのです。

営業も経営も経験していませんでしたが、ずっと先代のそばで仕事を見てきたので、同じように動くことにしました。

先代の顧客にあいさつに行き、紹介をお願いし、さまざまな会合に顔を出しました。

まずは、顔と名前を覚えてもらうことに専念したのです。

その結果、先代のお客様を引き継ぎ、新規顧客も獲得し安定が見込めるようになりました。

この時に、経営者は待っているのではなく、様々な場所に顔を出して覚えてもらうことの大切さを感じました。

女性経営者の目線

代表になった時に、社内で2つの方針を変えました。

1つ目は、社員を全員女性にしたことです。

というのも、この頃の旅行業界は9割以上が男性を占め、女性が少なかったからです。事業承継当初は「女性のくせに」と言われることが多々ありましたし、心無いお客様からは重箱の隅をつつくような嫌味を言われ、帯状疱疹になったこともありました。

旅先では「女性の添乗員さんって珍しいですよね」と言われるほど女性添乗員が少なく、宿泊先の浴衣が男性ものであることも多い時代でした。

そこで、女性ならではの「目配り」「気配り」を大事にした会社を目指しました。

旅行に対するあらゆる不安を取り除き、安心して快適に過ごすことができるようにすることが旅行会社の役割です。

先を見通したり、普段の生活のなかで困りごとを対処したりする女性の強みを生かし、あらゆる困りごとにきめ細やかに対応することを強みとしたのです。

たとえば、現地での困りごとだけでなく、「もしも」のときに対応するようにしました。

社内では常に「もしも自分が旅行に行くなら」という視点で、どんなサービスがあると良いか考えアイデアを出してもらうようにしました。

そのなかで、「家の前で、観光バスの乗車・下車」「携帯電話は24時間365日つながる」「出発前日に病気になった人のチケットの払戻し」など、大手にはできないサービスが生まれたのです。


もう1つは地域密着型に専念したことです。

休業日には地域の神社のお手伝いをしたり、行事に参加したり、会社がある地元の商工会等で役員を引き受けたりました。

地元で生きて、地元の人の人生を豊かにする仕事をしているのですから、先に地元のためにできることを提供しようと考えました。

「旅行」をするときだけの業務上の付き合いではなく、地域の人の生活の中に入り込んだのです。

地域の役職を引き受けることやボランティアをすることは利益に直結しませんが、安心と信用を得られます。

そこから仕事につながったり、いざというときに思い出してもらえたりするようになりました。

次第に、地域の人々と顔見知りになり、「あなたに任せたい」と言われるようになったのです。

こうして、事務職から代表になり、「女性目線」「地域密着」を売りに展開していきました。

1年間で100日ほど添乗に行くようになりましたが、添乗の前には現地へ行き、調査することにも時間を惜しみませんでした。

「玉野に頼めば何とかなる」と思ってもらえるよう、安心感の提供を徹底しました。

すると、「玉ちゃん」と親しまれ、友人のように一緒に旅に行こうとお客さんから提案していただけるようになっていました。

弊社のツアーは、1人で申し込まれる方も多いのですが、それは「玉ちゃんのツアーに参加すれば、1人で申し込んでも楽しめる」と思ってもらえているからでしょう。

いつしか、地域の人に愛される旅行会社になっていったのです。

大震災の自粛ムードやコロナでの大打撃と旅行会社

こうして、安定を得てきたものの、最近の旅行業界の状況は厳しいものです。

これまでも天災などに左右され、多々打撃を受けてきました。

なかでも、打撃を受けたのは2011年3月11日の東日本大震災です。

その日は社員と共に事務所で事務作業をしていました。

めまいがしたような気がすると、社員が「揺れている」と騒ぎ、地震だと気づきました。

テレビを付けると、東北地方に激しい揺れと、津波注意報が出ています。

その日のうちに、ツアーのキャンセルの電話が次々と鳴り、翌週の1週間は予約済みの案件はすべてキャンセルになったのです。

「こんなときに旅行に行く気にならない」とお客様は次々におっしゃいました。

原発事故の心配があり、自粛ムードで旅行どころではないという雰囲気が日本中を覆ったのです。

それからは閑古鳥が鳴くように来客も電話もありませんでした。

ようやく仕事になりだしたのが2ヶ月後の5月ごろ。

自粛ムードから「がんばれ東北!」「がんばれ日本!」と変化し申し込みが徐々に増えていきました。

天災は被災された方や地域をはじめ、あらゆる事業に影響を与えるものです。

予約は2ヶ月ほどで元の状況に戻りましたが、渦中にいる時は永遠に申し込みがないような不安を感じました。

ただ、日々刻々と変化し続け、同じ状況は続かないことも学び、できることをして時期を待つ大切さも知りました。

また、このころから時代の流れの変化にも大きな影響を受けるようになっていきました。

インターネットが家庭で普及し、スマートフォンが増えたことで、ホテル手配は激減。

さらに、会社の慰安旅行なども減り、老人会、婦人会、子ども会などの地域の風潮も変化していきました。

こうした時代の変化には戸惑いますが、ただ嘆くのではなく自社も変化していこうと固定費を減らし、店舗を移転しました。

そして、新たな試みとして2019年にカフェを併設したのです。

旅行もカフェも共通することは「人生の豊かな時間」を過ごすこと。

おいしさや人との時間、夢見る時間を共有し、居場所となるスペースです。

農園喫茶「Sunny hill」と名づけ、田園風景や農作物を楽しみながら、ゆとりある時間を過ごし、次の旅の話に花を咲かせるのです。

カフェでは現地の写真を見ながら次の旅の話で盛り上がり、ここからツアーを企画することも多々あります。

人とつながり、気軽に集えるようにオープンし、予約以外の時でも多くの人が訪れる空間となったのです。

しかしながら、再び困難が訪れました。

翌年から「新型コロナウイルス」が猛威を振るうようになり瞬く間に、予約済みの旅行がキャンセルに。

感染者が次々に増え、新規の仕事はまったくなく、東日本大震災以上の、旅行業界の暗黒時代が始まりました。

旅行会社、観光業界は痛手を負い、潰れていく企業を多く目の当たりにしました。

そして、3年が経った2023年現在でも、先の見通しが立ちません。

コロナ禍は社会全体を不況に陥らせ、大手の旅行会社でも経営が厳しい状況です。

ましてや個人の旅行会社は経営が難しいことは目に見えているでしょう。

しかし、これまでも時代の変化や天災などと向き合ってきた経験から、このような状況であっても需要があると見据えています。

旅への不安を安心に変えていくことが、個人の旅行会社にできること。

たとえば、コロナの流行状況がいつどうなるかわからないことから、先々の予約や旅行先での健康面で不安がつきまといます。

そこでコロナ禍でのツアーは感染状況を常に把握し、随時状況を見ながら予約の調整をし、旅先に近い病院を把握しています。

これまでにも渋滞に巻き込まれて飛行機に乗り遅れた顧客から営業時間前に電話があった時には電話1本で飛行機をキャンセルし、次の飛行機やレンタカー手配をしたことなどがあります。

このように、時間外でも電話1本で臨機応変に対応できることが実店舗の強みです。


インターネットが普及したとはいえ、年配の顧客さんからは「長年の旅行の知識や対処を頼りにしている」と言ってもらえます。

また、旅仲間のように親しみ、一緒に旅をすることを楽しみにしてくれる人もいます。

こんな時代だからこそ、安心と、人とのつながりまだまだ必要とされる部分が多々あることを感じ、これまでと変わらず、「気配り」「目配り」「安心感」を提供し続けます。

起業を目指す女性へ

なりゆきで旅行会社経営者となった人生。

若い頃は目的もなく過ごし、経営者になったのも流されるままでした。

自分の意思とは別のところで物事が決まっていき、それに抵抗せず緩やかに身をゆだね、流されてきたことで、豊かな人生となりました。

国内では47都道府県すべて添乗し、お客様と共に日本中のすばらしい名所をめぐることができました。

フランスのパリで開催されている競馬の「凱旋門賞」のツアーの添乗をし、馬主席で観戦するなど貴重な経験も。

さらに、仕事のおかげで、さまざまな役職を引き受け、ラジオやテレビ出演などで話す機会も増えました。

これほどまでにあちこち飛び回る人生を送ることになるとは思っておらず、若い頃想像した以上に楽しい人生を送っています。

起業や経営と聞くと、能力のある人や意志のある人が頑張って切り拓くような印象を受ける方もいるでしょうが、私のように流されるままたどり着く人もいます。

ただ、一つ押さえておいたポイントは、「人から依頼されたときには、引き受けた」ということです。人から頼まれることには、自分では自覚していない才能が隠されているものなのです。

ですから、何か頼まれごとがあれば、「向いていない」とか、「そんなことはするつもりではない」などと言わずに、「やってみる」「できる方法を考えて引き受ける」のはいかがでしょうか。

女性活躍の時代と言われますが、女性が踏み入れていない分野は多くあります。「前例を自分で作る！　初代になる」という気持ちで、前に出てみましょう。「出る杭は打たれる」と言いますが、出過ぎた杭は打てませんからね。

50代半ばとなり、会社員なら定年までカウントダウンの年頃ですが、経営者ですからノルマも、定年もないため、体力がある限り働き続けることができます。

今後は地元に呼び込み地域活性を目指す着地型ツアーや、創業20周年の集大成となるツアーを組もうと考えています。

信頼する社員と、恵まれた顧客に支えられ、まだまだ挑戦したいことで溢れる毎日。経営者は無限に夢を見ることができて、楽しいですよ！

Message

「わたし」のブレイクスルー

「何者かになる」
「何かを成し遂げたい」というような
強い意志はなかった。
ただ、「お願い」と言われたことを
引き受けてきた。
運命に身をゆだね、
流され、
渡されたものを受け取ったことで、
たどり着く場所があった。

玉野英美さんへの
お問合わせはコチラ

株式会社Connect 代表取締役
EC事業／サロン経営
田村 優美

サレ妻から妻社長へ！
離婚せず
自立するために
ネットショップ開業した
社長の葛藤と決断

Profile

1988年、新潟県出身。高卒後、地元企業に就職。19歳で初めてのジェルネイルに衝撃を受けネイリストになろうと、昼夜働きながらネイルスクールに通う。念願のネイリストになるも、産後、育児との両立に悩み挫折。パートで働きながらネイルパーツのネットショップを副業で始める。10カ月で本業にし、32歳で法人化。現在はＥＣ事業、ネイルサロン、エステサロンを運営。

1日の
スケジュール

Morning

6:30	起床、朝食・お弁当作り
7:30	子どもたち登校、支度
9:30	事務所へ出社
15:30	ジムでトレーニング
17:00	帰宅
19:00	夕食・お風呂
21:30	寝かしつけ
24:00	事務作業など
25:30	就寝

Afternoon

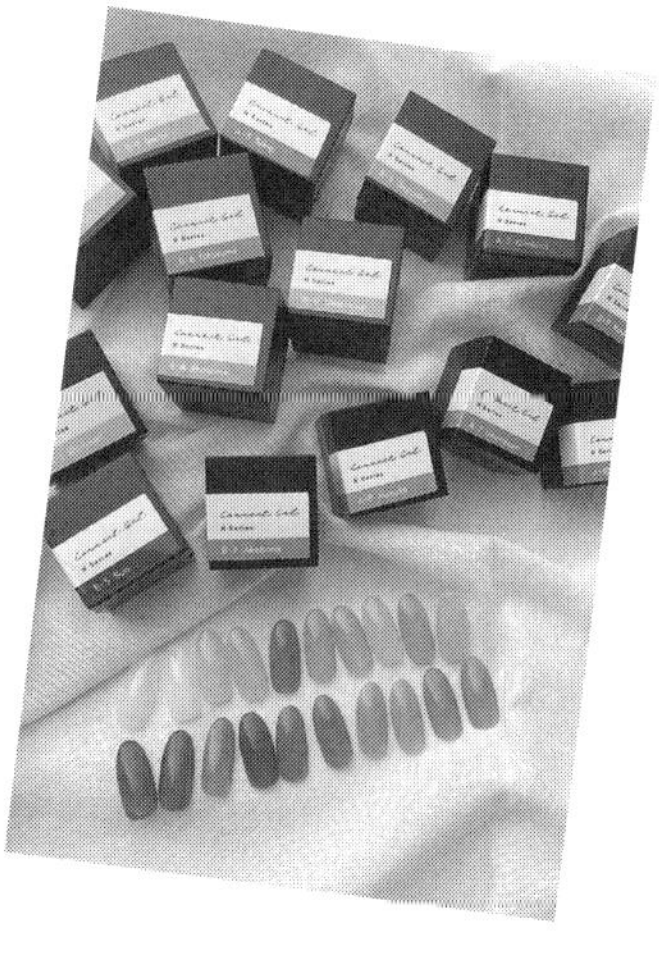

夢、挫折、不倫

「早く大人になって自分でお金を稼ぎたい」と思い、高校卒業後は地元の電気工事会社に就職。自分で稼いだお金で自由におしゃれを楽しんだり、好きなところへ出かけたりと毎日を満喫していました。

19歳のとき、高校時代から憧れていたジェルネイルの施術をしてもらいました。つやつやときれいになった自分の爪を見て、自信がみなぎるような不思議な感覚を覚え、衝撃を受けました。

それからすっかりネイルに魅了され、ネイリストになりたいと思うようになったのです。そこで正社員からパートへと勤務体系を変えてもらい、働きながらネイルスクールへ通うことにしました。

ネイルスクールの費用は150万円と高額で、当時の手取り13万円の収入ではまかなえず、ローンを組み、昼夜働きながらスクールに通う日々が続きました。

こうした努力が実り、検定にストレートで合格し、ネイルサロンへの転職が決まりました。念願だったネイリストとしてやりがいのある毎日を送り、いつか自分のネイルサロンを開きたいと思っていました。

結婚・妊娠した時も、仕事を辞めることなど念頭にありませんでした。

当然ながら仕事を続けるつもりで、産休ギリギリまで働き、子どもが8ヶ月の時に復帰をしました。

ところが、ネイリストへの復帰は想像以上に厳しいものだったのです。

娘は身体が弱く、発熱や入院などで登園できないことが多々ありました。

両親は遠方に住み、夫は残業や休日出勤ばかりで頼ることができず、子どもに何かあった時には母親である私が仕事を休むしかありません。

子どもの体調により、仕事を欠勤することもあり、お客様や職場に迷惑をかける日々。

実力主義で、ルールが厳しい美容業界では、仕事に穴を空けることはいかなる理由があろうとも許されることではありませんでした。

そして、子育てをしながらネイリストとして勤めることに限界を感じ、退職を決意したのです。

退職後は、仕事と育児の両立を重視し、建設業の事務パートとして働きました。

子育ての事情を理解してくれる恵まれた職場環境で、幸せを感じていたところ、2人目を妊娠。

このまま、子育てをしながら緩やかにパート主婦として生きていこうかと思っていたところ、人生を大きく揺るがす出来事が起こりました。

2人目の出産と同時に、夫の不倫が発覚したのです。

まさか自分が不倫されているなんて思いもよらず、事実を受け止められませんでした。

結婚当初は「浮気されたら絶対に離婚する」と決めていましたが、幼い2人を連れて行くところもなく、満足に働くこともできなかったため、離婚することも決断できず、ただただ絶望していたのです。

それでも、2人の育児は休むことなく続きます。

ワンオペで育児家事に追われ、ふとした瞬間にも不倫のことが頭をよぎり、死んだ方が楽ではないかと思うこともありました。

毎日夫の謝罪があるものの、許すことができず泣いてばかりの日が続きました。

泣き明かした挙句、一つだけわかったことは「離婚は今じゃなくていい」ということでした。

離婚をするにしても、まずは自分が一人で立てなければ、母子で路頭に迷うだけです。

「いつでも離婚はできる」と自身に言い聞かせ、離婚することを保留しました。

感情に任せず子どもたちの生活を守り、自立することを目指したのです。

そこで、子どもが寝た後にネイルチップを作り、フリマサイトでの販売を始めました。

これがお金に変われればいつか離婚する時の資金になると考えたのです。

そして何より、ネイルチップ作りに没頭している時だけは不倫のことを忘れ心が軽くなったのです。

ありがたいことに売れ行きは好調でしたが、多く稼ぐには量産しなければなりません。

「時間をかけて作らなくても売れるものはないか」と考えるうちにネイル用のアクセサリーパーツを売ることを思いつきました。

ネットショップのパーツ販売であれば、作業時間も少なく、子どもが風邪で登園できない時でも自宅で好きな時間に無理なく働けると考えたのです。

3万円あれば最低限の仕入れができると考えましたが、当時はそれさえも大金でした。

そこで、夫に「ネイルパーツのネットショップを開くためにフリマサイトの売り上げから3万円使っても良いか」と確認しました。

すると、「別にいいけど、そんなガラクタ買う人いるのかな」と馬鹿にされ、この一言が「この人を絶対見返してやる」と私を奮い立たせたのです。

こうして、軍資金3万円でネットショップを始めることにしました。

ショップオープン、副業から本業へ

子どもが寝ている間はすべてネットショップのオープン準備に費やしました。

3万円分の商品を仕入れ、ショップの作り方や写真の撮り方、集客の方法などについて、ネットや本で調べては勉強したのです。

準備に夢中になるうちに、いつしか夫の不倫が頭を離れる時間が増えました。

そして心が整うにつれて、お店のコンセプトも明確になっていったのです。

まず、個人がネットショップで勝負するには「大手がしていないこと」をしないと売れません。そこで、大手が1袋10個単位で販売しているパーツを、1個単位で購入できるようにしたのです。

集客はSNSを利用し、「いいね」巡りやコメントをするなど地道にコツコツと関わりを持つことで、認知を広めました。

ショップオープン当日を迎え、注文がくるだろうかと落ち着かない気持ちでページを開くと、次々と注文の連絡がきました。

商品の単価は50円程と安価ですが、多くの方の購入により初月売上は10万円を超えたのです。

パート代が月5万円だった私にとって想像以上の成果で「少しだけ夫を見返せた」と思いました。

ですが、好調な出足にあぐらをかいていてはいけないと、次の一手を打ちました。

それは「新商品を出し続けること」です。

商品数が少ないと、お客様が離れてしまうため、売り上げのほぼすべてを次の商品の仕入れに回しました。

これは、夫のお給料で生活を送っていたからこそ、売上をすべて次の投資に回せるのだと、離婚しないメリットを感じました。

もしも、離婚していたらこの稼いだ金額のすべてを生活費に回さなければならなかったことでしょう。

こうして新商品を増やし続けることでリピーターが増え、お客様がブログやインスタで広めてくださったおかげで売り上げが伸びていきました。

昼間はパート勤務、帰宅後は子どものお迎え、夕飯、お風呂、寝かしつけ、夫の夕食の準備と片付けと、家事育児をすべて終えてから夜中3時まで梱包作業をします。

3時間ほど寝たら郵便局へ寄って発送し、そこからまたパート勤務が始まるのです。

毎日忙しくかけ回る私を見た夫が、深夜の梱包作業を手伝ってくれるようになりました。不倫のわだかまりを感じつつも夫が唯一私の副業をサポートしてくれる存在になったのです。

ここでもまた離婚をしなかったことのメリットを感じました。

知らない世界を一人で走ることは不安で、大変なものです。

そんな時に、ああでもない、こうでもないと言いあえる存在の大きさを感じました。

夫が同志となり、同じ目標に向かって試行錯誤することでスピードが増したのです。

こうして夫の協力のおかげで売上は伸び続け、起業から10カ月で本業にする決断をしました。

働きたい会社は自分で創る

ネットショップが軌道に乗ってきた矢先のこと。子どもが入院し、病院に数日間泊まり込みで付き添いました。

この間、商品の発送が一切できずお客様をお待たせしたことを心苦しく思いました。退院後は梱包作業に追われ、商品の更新もできていないことに気づき、一人で回すことに限界を感じたのです。

そこで思い切ってパートの求人募集をかけることにしました。

自宅が作業場なので、応募してくれる人なんていないだろうと期待せずに募集をかけたところ、１週間で10名以上の方が応募してくれたのです。

スタッフが増えたことでさらに事業を拡大することができました。

その後も楽天市場へ出店し、購入に至るまでのハードルが下がったことでお客様が一気に増えました。

一方で他店と同じものを仕入れて販売しているだけでは価格競争で負けてしまうことがわかり、お店の強みを生み出さなくては潰れてしまうことにも気づきました。

そこで次の展開として、オリジナルのカラージェル販売に踏み切りました。

ターゲットは30代前後の「可愛いだけでは物足りない、少し大人っぽさが欲しい女性」です。

試行錯誤しながら、大人っぽい色味展開とおしゃれなパッケージを考え商品化しました。

はじめは思うように売れなかったものの、現在ではショップの主力商品となりシリーズ展開を続けています。

さらに、オリジナル商品をメイン商材として使用するネイルサロンをオープンしました。

コロナ禍のオープンでしたが「おひとりさま限定の貸し切りサロン」としたことで、客足が絶えないお店となったのです。

ネイリスト時代に抱いた「いつか自分のお店を出したい」という夢を叶えられたことが嬉しくて仕方ありませんでした。

スタッフは全員子育て中のママさんで、仕事も家庭も大切にしている人ばかりです。

小さな子どもを育てながら働く事の大変さを感じてきたからこそ、スタッフが働きやすい環境を作りたいと強く思うのです。

長女が未満児の頃は仕事と家庭の両立が難しく、罪悪感やもどかしさに葛藤する毎日でした。

良いお母さんにも、仕事ができる従業員にもなれない中途半端な自分を責めてばかりいました。

しかし、ネットショップの仕事を始めたことで「好きな時間に働き、家族との時間も大切にしたい」という願いが叶ったのです。

産後、女性が仕事を続けるむずかしさを経験したからこそ、同じように悩む女性に働きやすい環境を提供したいと強く思い、2年前に法人化しました。

子どもが熱を出した時に、遠慮せず休める環境はもちろんのこと、ダブルワークや勤務時間などスタッフ一人一人が希望する働き方を尊重しています。

人間関係を含め、楽しく、心地良く仕事ができることで、生活も充実するはずです。

スタッフが目をキラキラさせながら楽しく過ごせる環境を提供することが経営者としての役割だと思っています。

仕事仲間は家族でも友達でもない関係ですが毎日顔を合わせ一緒に過ごす時間が長い、言うなれば、第二の家族のような大切な存在。

こうして一緒に働いてくれるスタッフがいたからこそ今があります。

そんな大切なスタッフに「ここで働き続けたい」と思ってもらえるような職場を創り続けていきます。

自営業という最高の仕事

さて、夫婦関係はというと、今も離婚をせず、むしろ不倫前よりずっと良好な関係になりました。

この仕事を始めたおかげで心に余裕が生まれ、「あの時の不倫なんてどうでもいい」と思うようになったのです。

家族であり夫婦であり、仕事のパートナーでもあり、以前よりお互いを信頼する気持ちが増したのです。

法人化した時、「あの時、不倫してくれてありがとう」と心の底から夫に伝えることができました。

あの時、夫が不倫していなかったらこんなチャンスが来ることもなく、自分の心と向き合うこともなかったでしょう。

不倫は悪とされている世の中ですが、結局は、その夫婦にしかわからない事も多いです。

私自身もたくさん間違ってきた人間ですから、人の間違いも許せる人間でありたいのです。

私たち夫婦の場合はきっとあの時、離婚することが一番簡単だったでしょう。

世間では不倫された人を「サレ妻」と呼び、「不倫＝離婚」の方程式が成り立っています。しかし、私にとってはあの時の不倫で離婚を選択しなかったことが人生のターニングポイントになりました。

離婚を選ばずに耐え、自身と向き合い、一歩踏み出したことで夫との関係性が改善し、天職と出会えたのです。

何をするか、いつやるか、誰とするか、どうやるか、どこでやるか、すべて自分で決められるのが自営業の良いところ。

こんな天職と出会えたことは、私の人生において大きな財産です。

夢などなかった学生時代、生活費も出せなかったパート主婦時代、こんなにもワクワクする人生が訪れるとは思ってもみませんでした。

もしも、これを読んでくださるあなたが働き方や人間関係で悩んでいるとしたら、こうした自営業の自由さ、楽しみ、喜びに気づいてほしいのです。

先の見えない未来に一歩足を踏み入れることは大きな不安を感じるものです。

しかし、一歩踏み出してみなければ何も始まりません。

新型コロナウイルス感染症の蔓延で当たり前が当たり前でなくなった今、「大企業に勤めていれば安心」という常識もなくなり「副業推進時代」へと変化しています。

昔のように起業に一世一代の覚悟を決めなくても、「ちょっとやってみよう」と、3万円（当時はとても大きな額でしたが）で始められることもあるのです。

自分のやりたい事にチャレンジしやすい時代、やりたいことやくすぶっている気持ちがあるのなら、副業からでも小さな一歩を踏み出してみましょう。

始めてから軌道修正を繰り返す、それで良いのです。

覚悟はそのあとで自然とついてくるものだと思います。


そして私もまだまだやりたい事がたくさんあり、その一つに向けて動き出しています。

変わりゆく時代の中で生き残るために、自分自身も変化し続け、挑戦していくことが大切だと思っています。

チャンスは待っていても来ませんし、誰かが連れてきてくれるものでもなく自分で動いてつかみにいくものです。

私の挑戦はこれからも続きます。

あなたも、挑戦する人生を歩んでみませんか。

Message

「わたし」のブレイクスルー

「誰かの裏切りを責めるよりも
自分の足で立ち、前に進み続けたい」
あの苦しかった日々こそが、
一歩踏み出すきっかけとなる。

田村 優美さんへの
お問合わせはコチラ

株式会社ｔｒｅｅ 代表取締役
デザイン・ディレクション

野中 さつき

「デザイン・ディレクション」という究極の裏方。10以上の職を経て、めぐりあった運命の仕事

Profile

1980年、愛知県出身。新聞配達、飛び込み営業など10以上の職を経て、国内外をひとり旅してデザイナーになる。現在はデザイン・ディレクションを仕事とし、企業・店舗のロゴ制作から、駅の再開発プロジェクト、企業とアーティストを繋ぐ架け橋として幅広いクリエイティブ業務に参画。

名古屋デザイナー学院非常勤講師、Made In Japan Project 理事、タイムコーディネーター、双子を育てるシングルマザー。

受賞歴：AICHI AD AWARDS 2021・2022受賞、日本タイポグラフィ年鑑賞2023受賞。

1日の
スケジュール

Morning

5:00 起床

5:15 手帳、運動、シャワー

7:00 朝食・家事

7:50 双子を小学校に見送る

9:00 業務
（プロジェクト管理、資料作成）

12:00 昼食

13:00 業務
（チーム連携、打合せ、授業など）

17:00 帰宅

17:30 双子とそれぞれお風呂に入る

18:30 夕食

19:00 1日の振り返り・翌日準備

20:00 双子と寝る前の時間を過ごす

21:00 手帳・読書・勉強など

22:00 就寝

Afternoon

デザイン・ディレクションとは

デザインの仕事に携わって18年。デザインの会社を立ち上げて2年になりますが、ここにたどり着くまでは、まさに「人生の迷子」でした。

語学の専門学校を中退後、新聞配達、飛び込み営業、蕎麦屋、携帯電話ショップ副店長、バーテンダー、オムライス専門店、テレアポ、豆腐料理専門店、ネイルアーティスト、創作居酒屋、オーストラリアで保育士、鍼灸治療院と、アルバイトを含め10種類以上の職を転々としていたのです。

そして、ようやく「この仕事に巡り会えて良かった。生まれ変わってもこの仕事がしたい」と思える仕事に出会えたのです。

その仕事とは、企業やお店、ブランドの魅力が何かを一緒に考え、誰にどう伝えるのかカタチにしていく「デザイン・ディレクション」です。

「やりたいことはあるけど何をどうしたらいいかわからない」「自社の商品をもっとたく

さんの人に届けたい」という、クライアントの様々な要望に応えるために、道筋を立て、必要な戦略、予算、スケジュールからそのプロジェクトに合うチームを作るのが、デザイン・ディレクションの最初の仕事です。

さらには、そのプロジェクトチームが円滑に動けるようにそれぞれのメンバーとしっかり対話をし、思いの共有をするなど環境づくりを心がけ、仕事を進めていきます。

私自身はイラストを描くわけでも、文章を書くわけでもありません。

デザイン・ディレクションは、企業や店舗のロゴ・看板・Ｗｅｂサイトを作るときや、商業施設のアート作品を提案するときなどに、メンバーの力を最大限発揮できるよう仕組みづくりをすることが主な仕事です。

今でこそ、たくさんのクリエイターとチームを組み、多くのプロジェクトを同時進行していますが、長い間、ずっと自分が何をしたいのかわかりませんでした。

しかし、その「迷子」のように見えた人生の中で多くの出会いがあり、それが現在の価値観を作り上げてくれました。

そして、デザイン・ディレクションという居場所を見つけることができたのです。

美大や芸大を経ずにデザインに関わり始めた私の経験談をお話させてください。

心を通わせるために

デザインをディレクションするために、さまざまな人とコミュニケーションを取っていきます。その際に使うコミュニケーションツールは、言葉だけではありません。

あらゆる手段を使い、相手と心を通わせることを大切にしています。

それは、言葉以外で、心が通った経験があったからです。

これから、その3つのエピソードをご紹介します。

1人目は、高校時代に、陸上競技大会で起きた事故の相手選手です。槍投げの選手として陸上部新人戦に出場した際、他校の選手が回収した槍が私の目に刺さったのです。

失明は免れたものの、運動が続けられなくなり、部屋に閉じこもり泣き続けました。

しかし、ふと「目の前に2つの道があるのでは？」と思ったのです。

1つは、このまま泣いて腐る道。もう1つは「あの出来事があったから今の自分がある」と5年後、10年後に振り返った時、自分自身を誇れるような道です。

それならば後者を選ぼうと、医者や親に隠れて自主練を始めました。そんなある日、風の噂で、相手選手が、もう続けられないと言っていることを聞いて連絡を取りました。

しかし、学校に電話をかけ取り次いでもらったものの、職員室の電話では深い話もできず、継続して連絡を取り続けることができませんでした。

そこで、手紙を書きました。

「将来、あの出来事があったから今の自分があると自分を誇れるような道を選びたい。あなたと一緒に乗り越えたい」と書いたところ、「もう一度頑張る」と返事がきたのです。

そして孤独な自主練を続け、1年後の試合でお互い復帰し、再会の握手をしました。

全力で1年間の成果を出した結果、名古屋市で優勝することができました。

あの時、不運をそのままにして連絡をしなかったら、また、連絡が途切れたままにして手紙を書かなかったら、悔いが残っていたことでしょう。気持ちと手段を切り替えて思いを伝えたことで、前に進むことができた一つの経験となりました。

2人目はオーストラリアの夜行列車で出会ったスペイン人の「マリーさん」という女性です。彼女が小さな箱を大切そうに持っていたので、つたない英語で「それは何?」と聞きました。

すると、月に1度、出稼ぎに出ている旦那さんのところへ行き、その度にプレゼントを渡し合っていることを話してくれました。

今回は、旦那さんの腕時計が壊れたため、新しい腕時計を準備したといい、その場でそっと包装紙をはがし、うれしそうに見せてくれたのです。

そして、夫婦円満の秘訣は「おいしいご飯を一緒に食べること」と話し、旦那さんが初めて家に来てくれた時に、こっそり自分ではなく母の料理を出したことや、慌てて料理を勉強したことなどを、お茶目に話してくれました。

素敵な話を教えてくれたことがうれしくて、お礼の気持ちに2羽の鶴を折りました。

すると、「1枚の紙が鳥になるなんてまるで手品ね!」と大喜びしてくれたのです。

言葉以外のコミュニケーションを織り交ぜることで、感動や感謝の気持ちをより深く伝えることができるのだと実感しました。


3人目はベトナムのジャングルに住む民族の村長です。

輸入雑貨メーカーで商品開発を担当し、雑貨を作るためにベトナムを訪れました。

当初はホーチミン周辺の工房で依頼する予定でしたが、満足のいくものが見つかりません。他にどこかないのかと現地で聞いていたところ、本気の手仕事をする民族がメコン川の向こうのジャングルにいると聞き、会いに行ったのです。

ジャングルの民族は想像以上にすばらしいものづくりをしており「この人たちと一緒に、仕事がしたい！」と心から思いました。

訪れたジャングルのその民族は、通訳のベトナム人も通じない言語を扱う民族だったので、スケッチブックとジェスチャーで交渉を始めました。

すると、村長らしき人が、突然山盛りの大きなタニシを目の前に出すのです。言葉こそ交わしませんでしたが、村長と私の間でこんな心の会話が交わされました。

村長「オマエ コレクエ ソシタラ カンガエル」

私「ワタシ コレタベル ダカラ ツクッテ！」

そうしてタニシを恐る恐るご馳走になり、雑貨を作ってもらうことに成功しました。

絵、ジェスチャー、タニシ、ダメもとで日本語、木の実の色見本など、あらゆる手段を使って作り、日本全国に流通し雑誌の表紙を飾るほど素敵な雑貨ができあがりました。

このように、さまざまな方法を用いることで、言葉だけでは伝わりきらない思いを伝え、心を通わせることができることを、身をもって知ることができました。

もちろん、言葉は大切なコミュニケーションツールの一つです。

しかし、これらの経験から、言葉だけに頼らず、あらゆる手段を用いて心を通わせることを大切にしていきたいと考えています。

自分を動かす「100」

仕事を転々とし、世界各国で無鉄砲に生きてきた経験を人に話すと「ひとりで怖くないの?」と言われます。もちろん、怖くないわけがありません。

しかし、「乗り越えた向こう側を見たい!」という気持ちを抑えきれないがゆえ、怖がりな自分を動かしてきたのです。

そこにはいつもかならず「100」という数字がありました。

【自分の動かし方①:100人に会ってみる】

37歳の時、シングルマザーとして双子を育てなければならないにも関わらず、フリーランスのデザイナーの仕事は鳴かず飛ばずで、将来にまったく見通しが立ちませんでした。

そんな時にふと「とにかく100人に会ってみよう」と思いついたのです。

1人、2人ではなく100人としたことで「作品を見せるのが恥ずかしい」「迷惑なんじゃないか」という迷いはなくなり、むしろ楽しみになりました。

そこからは、作品集を持って、知人友人を訪ね、さらに、その知り合いを紹介してもらっては会いに行き、意見を聞いてまわりました。

そして、50人を超えたころ、デザイン人生を大きく変えてくれる人と出会い、数年後には、駅の壁画を作るという大きなプロジェクトにつながりました。

その後次々と、鳥肌のたつようなプロジェクトに関わることができるようになったのです。心の声に従い100人に会おうと動き出したことで信じられない未来が訪れました。

【自分の動かし方②：10万円を100万円の価値に】

100人を目指して会いにいくなかで、ある有名デザイナーさんとの出会いがあり、デザイン・ディレクションについて学ぶことができる講座を教えてもらいました。

受講料の10万円は、当時の私にとっては厳しいものでしたが「どうしてもここにかけてみたい、10万円を100万円の価値にして卒業する！」と心に決め受講したのです。

講座の価値を10倍にすべく、ある雪の降る夜、受講後にアドバイスをもらおうと講師の方を追いかけ引き止めました。

「アドバイスを頂きたいのですが、5分お時間良いですか」と聞くと「5分ない！」と断られ「じゃあ2分下さい！」というと「これからあのタクシーに乗って新幹線で品川駅まで帰る。だから君と話している時間はない」と再び断られました。

それでも引き下がらず、「じゃあそのタクシーまでの20メートルください！」というとさっきまで怖かった講師の方が笑い出し、コンビニのゴミ箱の前で作品を見てくれたのです。そこで「デザインは今日の中ではダントツ1位。でも伝え方が腹立たしいほど下手だった」とコメントをいただきました。

さらに「デザインは作って終わりではない。作ったものをどう伝えるか。そこまで考えるのがデザインだ」と言われ、雷に打たれるほどの衝撃を受け、涙が溢れました。

最後に名刺を渡すと「大丈夫。世界中の人たちが君のデザインを否定したとしても、東京の端っこに、君のデザインをいいと思っているジジイが一人いると思って頑張れ」と言ってくれたのです。この出来事は今でも、私を支え続けてくれています。

この日を境に、日々のクライアントさんとの打合せで聞くことが「どんな色や形がお好きですか?」から「どんな人にどんな風に喜んでもらいたいですか?」と変化したのです。

その結果、講座の卒業と同時に名古屋初出店の飲食ブランドのディレクションのお仕事をいただき、企業さんとのお仕事が一気に増えました。

その年の売上は、講座に通う前の6倍になり、目標通り10万円を100万円以上の価値にできたのです。

【自分の動かし方③：1歩は100歩】

怖いときや勇気を出したいとき、何かに飛び込みたいとき、いつも心の中で自身に言い聞かせてきた言葉があります。

それは「1歩は100歩」という言葉です。

たとえば、フリーランスのデザイナー時代、上司や後輩・同僚など、相談できる人がおらず、途方に暮れ、心が折れそうになることが数えきれないほどありました。

しかし、その度に「1歩は100歩」だと言い聞かせ、最初の1歩を踏み出してきました。本来の私は小心者で、何か始めるのにとても時間がかかる性格。

そんな自分を変えたいと、15才で一人旅に出てからは7カ国21都市、国内外を旅したり、外国の保育園で働いたりしてきました。ただ、自分で決めたことなのに、知らない場所へ行く前はいつも怖気づいていました。

そんなときこそ「1歩は100歩」だとつぶやき、小心者の自分を励ましてきたのです。

1歩踏み出すと、想像もできなかった景色が広がり、怖かった気持ちが吹き飛んでしまうほど、発見や感動が待っているのです。

新しいことに挑戦する機会が多いデザイン・ディレクションの仕事は、今でも不安や躊躇も多いものですが、100を使って自分を動かしながら、日々チャレンジしています。

結論、デザイン・ディレクションは究極の裏方

このような経験を経て、今私はデザインの現場でディレクションをしています。

尊敬するトップクリエイターの方が「デザインは世の中の困りごとを解決することができる」ということを全力で教えてくれました。あの瞬間、私は本当の意味でデザインに感動し、デザインがもっと大好きになりました。

しかし、私のデザイン・ディレクションはいまだに日々挑戦の連続で、もしかしたら乗り越えられないのではないかと思う場面もあります。

そんなときにかならず思い出すのが、「壊れかけた自転車で大阪まで行った」経験です。

21歳の時、携帯ショップで副店長をしており、毎日同じことの繰り返しでやりがいを感じることができずにいました。ある日、雑誌で「誰もができることを、誰もできないくらいやる」という言葉を見かけ、それが頭から離れずにいました。

そこで「自転車をこぐ」という誰もができることを、誰もできないぐらいやってみたらどうなるのだろうと思ったのです。

帰宅後、すぐさま家にあったボロボロの自転車を引っ張り出しました。

サドルは黄色いスポンジが飛び出て、呼び鈴は蓋が取れゼンマイが丸見え、段階切り替えも効かない壊れかけの自転車で愛知県を出発し、大阪へ行くことにしたのです。

木曽川の橋の上で地図を川に落とし、心が折れそうになりながら三重県に入りました。心臓破りの鈴鹿峠を越え、朝陽と共に滋賀県へ着くと、国道の田んぼに自転車を落とし、通りすがりの人に拾い上げてもらいました。そして、京都祇園のおびただしい数の歩道橋を渡りきり、19時間半かけて、次の日の夕方に大阪に到着しました。

どんなに周りに反対され、絶対に無理だと思うようなことでも、できることを積み重ね少しずつ進めば、いずれ到着するということを身をもって経験しました。

チャレンジングなプロジェクトが始まったときや、何か乗り越えなくてはいけない状況になったときは、いつもこのことを思い出すようにしています。どんなにむずかしそうに見えることも、できることを積み重ねていけば、たどり着けるはずだからです。


人、企業、お店、ブランドの本当の強みは、当事者にとっては当たり前すぎて気づいていないことが多く、会話をすることでやりたいこと、やるべきことが見えてくることがあります。だからこそ、私はその隣で魅力を見つけ、できることを見つけ、カタチにしていくお手伝いがしたいのです。

一人でできることには限りがありますが、クライアントと共に考え、本気の人が集まることで想像を超える仕事が実現できるということを日々実感しています。

デザインといえば、一見才能を活かしたきらびやかな職業だと思われがちですが、才能だけでやっていけるほど甘い世界ではありません。これまで出会ってきた有名なアーティスト、作家、デザイナーは、誰しも常に学び、自己研磨をし続けている方ばかりでした。もちろん、頑張っているのは制作側だけではありません。声をかけてくださるクライアントの方々も、よくお話を聞いてみると、たくさんの思いを胸に、悩み続け、挑戦されており、「そんなこともやったんですね」と驚くことが多々あります。

そんな強い思いを持った方々の真ん中でデザイン・ディレクションをさせていただけることが本当に幸せです。プロジェクトを通してたくさんの人たちが新しい景色を見たり体験したりして「やりたかったことを遂に実現することができた！」「たくさんの人に商品の魅力を届けることができた！」と喜んでくださることが、私の喜びです。

思いのあるクライアントと、常に高い意識で取り組むクリエイター、そして関わる全ての人が主役としてパフォーマンスを発揮できるよう、最後まであきらめない究極の裏方であり続けたいと思っています。

Message

「わたし」のブレイクスルー

デザインが装飾ではなく解決策だと知り、
目覚めた私
今から思えば、
たくさんの職を経験してきたのも、
たくさんのコミュニケーションを
とってきたのも、
このための準備だった。
究極の裏方
「デザイン・ディレクション」という
運命の仕事にめぐりあったのだ。

野中 さつきさんへの
お問合わせはコチラ

美容室micora 経営
美容業

伴 祥江

アパレルブランドを
立ち上げるも廃業。
失敗を糧に
美容院経営者となった
美の伝道師

Profile

1976年、愛知県出身。名古屋モード学園卒業後アパレル企業に勤務。アパレルブランドを立ち上げの夢を諦められず半年で退職し、オリジナルブランド「パナシェ」を友人と設立。経営観の違いにより３年で廃業し、一般企業やエステサロン等を経て、美容院に勤め美容師の夫と出会う。31歳で結婚、４年後出産。38歳の時、夫とヘッドスパに特化した「micora」をオープン。現在は、軌道に乗り売り上げも右肩上がりになり店舗拡大予定。

1日の
スケジュール

Morning

6:00 起床・朝食の用意

8:00 子ども見送り後、プチヨガ、洗濯や出社の準備

9:00 美容室micoraへ出勤

17:00 帰宅し夕食

18:30 子どもと一緒に習いごと

22:00 お風呂

23:00 就寝

Afternoon

23歳で夢のアパレルブランドを立ち上げる

かわいい服を身にまといキラキラと輝くアイドルが大好きだった幼少期。

寝ぼけまなこをこすりながら、夜の歌番組を熱心に観ていました

なかでもアイドルの服に釘づけで、洋裁ができる母に「こういう服が欲しい」とねだっては、作ってもらっていたものです。

くるっと回ったときにふんわりとドレスのように開く、お気に入りのスカートは、私の憧れが凝縮した、世界にたった一つの宝物。

それを着ると自分が特別な人になったようで、意気揚々と学校へ行ったものです。

今思えばこの時の心のまま大人になるのですが、当時はまだ将来の夢など意識したこともありませんでした。

勉強よりもアイドルに夢中なまま中学生になり、母からは「早く将来の夢を決めなさい」と急かされるようになりました。

好きなことには夢中になるものの、やりたくないことは一切やらない私の性格をよく知るからこそでしょう。

母からのプレッシャーを感じながらも将来の夢が見出せないままのんびりと過ごしていました。

ところが、中学3年生の家庭科の授業でパジャマを作り仕上げた瞬間、心の底から熱い気持ちが込み上げてきました。

そして「ファッションデザイナーになりたい」と突然夢が降臨したのです。

決まってからは猪突猛進で、被服科の高校に入学し基礎知識を身に着け、卒業後は名古屋モード学園に入学。

大好きな服作りに没頭し、同じ夢を持つ仲間と刺激のある毎日を送っていました。

学園内には、すでにブランドを立ち上げている先輩もおり「私も自分のブランドを作りたい」と思うようになりました。

ただ、この時は方法がわからず、学生の身分で実行する勇気もなかったため、卒業後はアパレル企業に就職しました。

めでたく夢のデザイナーの仕事についたものの会社員生活は刺激がない退屈な毎日。

学生時代は、派手で奇抜な刺激のあるデザインの服を自由に作ることができましたが、企業では当然ながら「奇抜すぎないデザイン」「決まった生地」など制限のあるなか「売れる服」を考えるのです。

私が好む服作りとはまったく逆で好きだったはずの服作りが楽しくなくなってしまい「自分のブランドを出したかった」という思いが日に日に募りました。

いてもたってもいられず入社3ヶ月目に会社を辞める段取りに入りました。

上司や母から続けるよう説得されましたが、迷うことなく半年で退社し、同年、23歳のときアパレルブランド「パナシェ」を友人と立ち上げたのです。

「パナシェ」はかつて幼い頃の私をワクワクさせてくれたアイドルのような服をイメージしたブランドです。

着る人の心を高揚させ、特別な人にしてしまうオリジナルの1点物にこだわり「パナシェの服が着たければ服のサイズに合わせるべし」という傲慢な考えを持っていました。

生地からデザインまでこだわり抜いたため、値段もジャケットは3万5千円、スカートは2万円ほどと高めの設定です。

2人で服を置いてもらえるよう営業しては断られ続け、何とか1店舗だけ置いてもらえることになりました。

販売条件としてこだわりへの改善を求められましたが、1点物であることとサイズ展開ができないことだけは譲らず、金額を少し下げることで妥協点を見つけ販売してもらうことになったのです。

開業当初は全く売れませんでしたが、バイトをしながら服を作る毎日が楽しくて売れないことなど気にすることなく夢中で作り続けました。

少しずつ売れるようになったのは半年を過ぎた頃、1年半も過ぎると追加注文を頂くまでになり、カラー展開もするように。

徐々に認知され全国の雑誌で商品が掲載された時には「私の時代が来た」と天にも昇る心地で喜んだものです。

さらなる拡大を目指して東京のビッグサイトのイベントに出店し、東京のオーナーさんに商品を買い取って頂き、全国展開も考えるようになるほど順風満帆に展開しました。

ところがそんな飛躍の時に、共同経営の友人とのすれ違いが起こり、友人が辞めることになったのです。

パナシエを一人でも存続させるか、辞めるかの選択を迫られ部屋にこもり一ヶ月程放心状態で過ごしました。

自問自答して心の整理ができ、辞めることを決意、ブランドを解散しました。

母には「ほら、やっぱり失敗した」と言われましたが、間髪入れず「経験という引き出しが増えただけだよ」と、口から出た言葉に自分自身が驚きました。

悩み駆け抜けてきた3年間は想像以上に自身を成長させてくれていたのです。

ブランド解散後、美容院へ転職

ブランドを解散後は、1から出直そうと一般企業に勤めました。

起業したころは千円ですら稼ぐのに大変な思いをしたのに、1ヶ月会社に行けば20万円以上の金額をお給料として頂けることがありがたくて仕方ありませんでした。

「こんな自分を拾ってくれたのだから頑張ろう」と意気込んで始めたのですが、やはり3、4ヶ月経つと、やりたいこととは違うため毎日が楽しくなくなり退社しました。

次に就職したのはエステティクサロンです。

ファッションもエステも「美」に関することですからワクワクしたのですが、現実は高価な機械や補正下着の販売ノルマに追われる毎日。

心から良いと思えない商品の営業をしても当然売れるはずもなく、心と現実とのギャップに耐えられなくなってしまうのです。

そんな時に、ターニングポイントとなる出来事が訪れるのです。

心が疲れ果てたある日、行きつけの美容院で癒されようと訪れた時のこと。

店長から「受付を作りたいんだけどやってみない？」と突然声をかけて頂いたのです。このお店はお客さんが美しくなるように丁寧に要望に向き合ってくれ、いつも満足のいく仕上がりにしてくれる私のパワースポット。

こんな職場で働けるなんてとワクワクし、一つ返事で「やります」と決断しました。さまざまな仕事を経験してはっきりとしたことは「お金のために仕事をするのではなく心を元気にするために仕事をしたい。好きなことをすることが一番輝ける」ということ。心と現実がチグハグにならない働き方をすることが私にとって重要だと気づいたので、迷うことなく引き受けたのです。

それからは、美容室の受付として働き、隙間時間に雑用を覚え、美容師の資格はないもののシャンプーのやり方など美容院での仕事を教えていただきました。

仕事を夢中で覚えている時に職場で出会ったのが今の主人です。

当時はアシスタントでしたが「32歳でお店を出す」と夢を持つ姿に惹かれました。

そして、起業経験から勝算が見えていた私は「一緒にいたらお店を出せるよ」と自信満々で彼の夢を応援しました。

彼がスタイリストとしてデビューして1年後に結婚し、4年後に出産、開業を本格的に意識したのはこのころでした。

実家の家業である自転車預かり所を営んでいた母が体調を崩したのです。母の代わりに、私がお店に立つうちに「ここで美容院を開いたら皆がハッピーになれる」と思い付きました。

当初、母は思い入れのあるお店を潰すことに戸惑っていましたが、話し合ううちに「世代交代の時期ね」と賛成してくれました。

それからは知人に建築会社を紹介してもらい、資金調達を手取り足取り教えてもらったことで、あっという間に開業準備が整いました。

一方、夫は心の準備が足りなかったようで、借りた金額を見て帯状疱疹になる始末。頼りなく思いながらも（初めてのことだから仕方ないか）と、経験者の私が力になれるようにできることに奔走しました。

アパレルブランドの立ち上げから廃業までの一連の流れを経験したことで「何とかなる」ことを知っていたのです。

心配するよりもオープン後にできることを一つでも増やそうと、子どもが寝た後にシャンプーやカラーの技術練習をしたり、お店の設計をしたり、保育園に入れるまで子どもと向き合ったりと、目の前のできることに集中する毎日を過ごしました。

こうして、母や多くの方の協力のおかげで38歳の時に「micora」をオープンしました。

美容室 micora をオープン

ついにオープン日となりました。

ありがたい悲鳴ですが、初日は忙しすぎてまったく記憶がありません。

ただ、オープン前には帯状疱疹となった夫が、次から次へと訪れるお客さんの対応に夢中で、生き生きと働いている姿だけは覚えています。

プレッシャーから倒れるのではという心配は杞憂に終わりました。

その後も、次から次へとお客さんが訪れ、通常2〜3時間で終わるお客様が3〜4時間かかるというお店がまったく回っていない事態が1ヶ月近く続きました。

お店がスムーズに回るよう改善を重ね、ようやくペースをつかんだのは3ヶ月目のこと、この時にお店の今後を決定づける、あることを思いついたのです。

この3ヶ月間、夫のアシスタントとして補助に回る中で、お客様に何かできることはないかと考えていました。

そこで思いついたのが「眠ってしまうほど心地良いシャンプー」を提供することです。

思い立ったが吉日と、すぐにヘッドスパのセミナーを申し込み、習得すると、狙い通りほとんどのお客様が心地よさで眠るようになったのです。

暗いシャンプールームでミストに包まれ、ぐっすり眠るお客様を見て、他のお客様からも「何をやってるの」「あれをやってみたい」と声をかけていただくようになりました。

気になる演出と、体験した人の口コミから「ヘッドスパに強い美容院」として、さらにリピーターさんが増えたのです。

ヘッドスパの資格を習得し、頭皮について知るうちに、肌全般のケアに興味が湧き、スキンケアセミナーを夫と受講しました。

寝る間を削って猛勉強し、肌の知識を身につけ、肌ケアもメニューに入れました。

さらに、お肌の勉強をするなかで、内面からの美しさを引き出すには「運動」が必要なことを知ったことで、自分自身が実践してお客様に説得力のある体験談を届けられるよう、名古屋ウィメンズマラソンに出ることも決めました。

マラソンのために毎日走り出した結果、血行が良くなり食事や睡眠も満足のいくものとなり、トータルで美しくなれる方法を伝えられるようになったのです。

プライベートでも、39歳から子どもと少林寺拳法を習い始め、45歳からはキックボクシングを始めました。年とともに体の動きが悪くなっていくことを感じるため、しっかりと体を動かし、健康で美しくいることを大切にしたいと考えています。

このように興味の赴くまま、子どものように経験しては習得し、その経験をもって次の興味が広がることを繰り返し、内面からも外見も美しくなることを実践しています。

こうして大好きな「美」に関することをあらゆる方面から挑戦し「美の伝道師」として出会う人に届けることが私の役割だと自覚するようになりました。

一見美容院の仕事とすぐには結びつかない無駄なこともするのですが、すべての思いつきはお客様に還元されることを知っているので、心が動いたときにはすぐに実践。

もちろん、新しいことを始めるときには思いのほかハードで時には後悔するときもあります。

それでもやらずに後悔するよりやって後悔する方がずっといいのです。

失敗談も含めてお客様に伝え、お客様の声をダイレクトに聞くことができる環境にあるため、挑戦することで良い循環しか生まれなくなったのです。

失敗なんてない！　軽い気持ちで挑戦を

子どものころは興味のおもむくままに挑戦していたはずなのに、大人になると夢を抱いても先のことを考えすぎて一歩前に足を踏み出すことができず、何もやらないで終わってしまう人が多いようです。

「失敗は成功のもと」ということわざがありますが、子どもにはそう言ってあげられるのに、自分のこととなるとそう思えなくなるものです。

ですが、失敗したら人生終わりなのでしょうか。

成功させるために失敗するのではないでしょうか。

そもそも、失敗とは何でしょうか。

私の人生をご覧になって「アパレルブランドに失敗した人」「何度も転職し仕事に挫折した人」と見る人もいるでしょう。

アパレルブランドを辞めた時に「失敗した」と言われましたが「すべては経験が増えただけだ」と実感すると、失敗ではなかったと心の底から思えたのです。

職を転々としたことも、心が喜ぶことに忠実に、自身を偽らず行動しただけのこと。

そして、「美容に関することが好き」「人に喜ばれることが好き」「お金のために心が動かないことはできない」「女性の美の追求にはとことん楽しめる」と、一つひとつの自身の特徴を知っていっただけなのです。

最初の夢は敗れ、3ヶ月で仕事を辞めたくなる私が、お店を開いて来年で10年、飽きることなくまだまだ挑戦したいことで溢れています。

すべての経験はここに結びつくまでの過程に過ぎず、心はアイドルに夢中だった幼い頃とまったく変わることがないのです。

ずっときれいでいたいし、オシャレもしたい、仕事も楽しく好きなことだけをやっていたいと、心が求めることだけに忠実に生きています。

さて、46歳になった今、元気でいられる年齢は80歳くらいかと想定すると、あと34年しかないことに気づきました。

限られた時間ですから、失敗することを恐れて足踏みする時間や、できない理由を探す時間なんて1秒たりともありません。

次の夢は土地の区画整理が終わり次第トータルビューティーサロンをオープンすること。美容室、エステ、パーソナルジム作り、外見だけではなく内側から健康で輝く女性、男性のサロンもある店舗を作ります。

「美容で世界を平和に、全ての人を笑顔にしたい」という想いのなか、人生の中で1番大きい夢になるので、不安もありますがなぜか成功のビジョンしかありません。

人はできることしか想像できないのでそれを信じて行動すればすべて思い通りになるものです。

家事、育児、子育てと忙しい女性は、つい自分のことを後回しにしがちです。

しかし、自分のことを優先させることで他もうまくいくものです。

あなたも、次々とボールのように飛んでくるチャンスをしっかりと受け取り、キャッチボールのように軽やかに投げ返してみてください。

人生の最初から好きなことに当たる人はまれですから、次々と投げ返すだけで夢だったことが叶うもの。

きれいになって、楽しいことをして、あなたが輝くことが周りまで照らすことになるのですから。

だから、「失敗したくない」なんて言ってないで、ほら、軽く挑戦してみましょう。

あなたが輝くことを世界は待っていますよ!

Message

「わたし」のブレイクスルー

アパレルブランドを立ち上げたものの
失敗に終わった。
それでも「経験が増えただけだ」と
開き直った瞬間に
次の道が開かれた。
すべての経験は繋がっていくから、
失敗など何一つないのです。

伴 祥江さんへの
お問合わせはコチラ

株式会社源エンタープライズ 代表取締役
古民家カフェ経営

東谷 朋美

司会業から未経験で古民家カフェオープン。好きに忠実に生きるパラレル経営者

Profile

1968年大阪府出身。短大在学中からテレビのレポーターやイベントのMCのほかABCラジオ放送にて冠番組を経験する。その後、結婚・出産を機に司会業をメインに活動するも主人の転勤で東京に。東京から大阪に戻ったのを機に母の実家の古民家をリノベーションし古民家カフェ（くらるカフェ）をオープンする。現在はケーキブランド（パティスリークラル　ヴィーガン＆ロースイーツ）もオープンしてお店も軌道に乗り、テレビや雑誌で取り上げられ　大手百貨店へ出店もしている。2016年株式会社源エンタープライズ設立代表取締役。2018年ローフードマイスター取得。2022年発酵マイスター師範取得。

1日の
スケジュール

Morning

5:30 起床・メールチェック、Instagram投

9:30 カフェ出勤

18:00 帰宅・夕食の支度

22:00 事務作業

24:00 就寝

Afternoon

古民家カフェが出来るまで

生まれながらの無添加育ちの私。

「オーガニック」「無添加」の意識がまだ広がっていなかった時代に、母は食を誰よりも大切にし、いつも無添加の食事を食卓に並べてくれていました。

今でいう「エシカル」な暮らしだったのでしょう。

母の影響で食の大切さを知り、自然溢れる母の実家の畑や草むらで遊ぶことが大好きでした。

自然の恵みを身体中で味わうことに喜びを感じる素朴な子どもだったのです。

性格は、おとなしく、引っ込み思案。

クラスの発表でさえも緊張するほど、人前に出ることが苦手な子どもでした。

音楽の仕事をしていた父は、そんな私を演奏会のたびに舞台に引っ張り出すのです。

最初のころは舞台袖でかたくなに出ることを拒否していたものの、次第に、観客の反応をそのまま感じられる喜びを知っていったのです。

短大の頃からはレポーターやイベントなどの司会業を始め、卒業後は司会業に専念し、ＡＢＣラジオで冠番組を持たせていただくまでになりました。

その後、結婚、出産を機に主人の転勤で東京へ。

一時仕事を中断していたものの、東京から大阪に戻ったことを機に司会業を再開し、子育てをしながら、のんびりと仕事を楽しむ毎日を過ごしていたのです。

そんなある日、母から「（母の）実家の物置だった蔵を癒しの場所にしたい」と言われました。

母の実家は１５０坪の敷地に畑があり、木や植物に囲まれた庭が広がり、幼い頃から私も大好きだった場所でした。

「自然の温もりに包まれるあの場所を癒しの場にしたら、きっと多くの人が喜んでくれるだろう」と瞬時に思いました。

そして、「いいね、やろう」と二つ返事をしたのです。これこそ、夢が動き出した瞬間でした。

話し合った結果、畑や草木はそのままに、その蔵をリノベーションして、カフェを作ることにしました。

関心のあるものにはすぐに飛びつき、やりたい事はすぐに取り組み、思いたったらすぐに動く性格ゆえ、ことはおもしろいように進んでいきました。

しかし、飲食店経営の条件としては良いわけではありませんでした。

カフェは駅から距離があり、住宅が密集し、車が通れないほど細い道で、住人以外誰も訪れない場所にありました。

今でこそ、田舎の古民家カフェへわざわざ訪れる人が多いものの、当時は道路に面していない田舎の店舗の経営は難しいと思われていたのです。

そのうえ、私には飲食経験がまったくありませんでした。

一方で、成功するだろうと考える理由もありました。

提携農家さんから毎週届く、自然農法のおいしい野菜が存分にあり、自然に囲まれて食事を楽しみ、土の恵みを味わう喜びを提供できる自信がありました。

加えて、母の影響で「無添加」生活を送り、日々の生活の中で食べ物を大切にしてきた経験があったからです。

ここから「からだは食べたもので出来ている」とのコンセプトを生み出し「やってから考えよう、やらないと始まらない」と始めることにしました。

古民家カフェをオープン

カフェをオープンすると決めてから、最初に始めたことは築100年の農機具置き場のリノベーションでした。

当時は古民家カフェがまだ広まっておらず、参考にできるものがなかったため、自身の感性に頼るしかありませんでした。

基準にしたのは「古いものをどれだけ残せるか」という、今でいう「リスティナブル」な感覚です。

たとえば、昔の砂壁を残し、所々に新しい漆喰壁をほどこしたのです。

あまりに古びたものを残すので、工務店さんが「本当にこれで大丈夫ですか」と何度も確認してきたほど。

常識とはかけ離れたオーダーでしたが、工務店さんや大工さんが工夫してくれたおかげで、趣のある今と昔が共存したカフェができあがりました。

次に考えたのは、どのように差別化を図るかでした。

「古民家」という物珍しさだけではリピーターが増えません。

そこで「おいしさ」と、「身体に良いもの」を提供しようと「身体に優しいスイーツ＝ローケーキ」を提供することにしたのです。

ローケーキは小麦粉や卵やバター、砂糖を使わず、ナッツのみで作ります。

その頃「ローケーキ」のお店は関西に２、３店舗もあるかないかという、知名度が低い食べ物でした。


しかしながら、まだ知名度が低い今だからこそ「いける」と確信したのです。

これだと思ったらすぐ行動と、ローフードマイスターの資格を取得し、野菜とローケーキの『くらるカフェ』をオープンしました。

初めはたいへんひどいローケーキでしたが、スタッフが増え、ランチもローケーキも形になり少しずつ、お客様が増えていきました。


そんななかコロナが蔓延し、世の中の飲食業界が打撃を受ける事態になりました。

緊急事態宣言が出た時には、しばらく客足が遠のくことを覚悟しました。

ところが、コロナ禍で食生活や生き方を多くの人が見直すようになり、ＳＤＧｓの意識も広まり、ローケーキやヴィーガン、自然農法の野菜に注目する人が増えたのです。

結果として、逆にお客様が増えることになったのです。

幼い頃から当たり前のようにあった無添加生活や食への意識。これらは自身だけでなく、世の中の人に大切なのだと確信したのはこの時でした。

そして、身体を思うことは周りの環境、地球を思うことにつながると気づかされたのです。

東大阪市に位置するカフェの敷地は、緑に囲まれ、自然をそのまま守り続けています。そうした環境の中で、生み出された野菜だからこそ、身体に優しく、身体に優しいものを追求することで、自然を大切にする意識が生まれるのです。

このカフェはただ食事をしたり、ケーキを作ったりするだけの場所ではなく、心身共に栄養を蓄え、自然を循環させていく場だと考えています。

現在では、ローケーキやお料理を知っていただきたいとの思いで、百貨店でのポップアップショップやイベント等を多数開催し、エシカルな暮らしを広めています。

コロナは私たちに打撃を与えたと同時に、私たち地球上に住むすべてのものが良い方向に進んでいけるかどうかについて、問いかけてくれた機会でもあったのです。

パラレルに生きるから楽しい

新しいことを始めるときはワクワクするものです。

思い立ったらすぐ行動に移し、思いを形にすることは何より楽しいものです。

しかし、ワクワクすることを継続するのはむずかしいと感じることはありませんか。

最初はワクワクしたものも、慣れるうちに高揚した気持ちが冷めたり、飽きたりとマンネリ化するものです。

そこで私はワクワクを維持するために、一つの工夫をしています。

それはカフェをオープンしてからも、司会業を辞めずに続けていることです。

カフェの業務は多忙であるものの、別の仕事、別の顔を持つことで、相乗効果があります。

日本では「二頭を追うものは一兎も得ず……」などと言われ、一つのことに集中した方が美徳とされています。

しかし、私は「五頭を追ったら三頭は得るだろう」と考えています。

いろいろな事に挑戦すればするほどチャンスも増えるからです。

また2つ、3つと持つことで、うまくいかなかったときのダメージも少なく済むと考えます。

いくつかの顔を持つ「パラレルな生き方」は、ストレスが減ったり、アイデアが出たりと様々なメリットがあるのです。

女性は、お母さん、奥さん、◯◯ママ、仕事場での役割、家での役割など、すでにパラレルに顔を使い分けています。

さまざまな役割を使い分けて生きることが得意な女性だからこそ、仕事をいくつか持つことで、「得意」を伸ばすことができるのです。

たとえば、子育てをすることで、仕事が効率的に進められるようになったという経験はありませんか。

仕事を2つ、3つ持つことも同じことで、自身の軸に沿って働くことによって相乗効果が出るのです。

一つのことを極める職人のような生き方も素敵ですが、現代の女性は仕事だけでなく、家庭、子育て、介護などを任されることが多く、一つの仕事に集中できる環境は整っていません。

だからこそ、一つの仕事をまっとうする生き方だけが正解だと思うと苦しくなることもあるでしょう。

ですから、もっと柔軟に、臨機応変に動けるよう仕事にも融通を効かせていくのです。子どもや家庭や自分の夢など、さまざまなことをすべて叶えたい女性にとってふさわしい生き方だと思うのです。

こうして「ワクワク」を基準に5頭中、3頭は得られるよう走り続けています。

不思議の国のアリスに登場する赤の女王はこう言っています。

「その場にとどまるためには、全力で走り続けなければならない」

これは、この世界に生きていくには絶えず走り続ける必要があり、走るのを止めるところの世界では生きていけないということです。

そして、前に進むためには、早く走る必要があるのです。

つまり、この世界で生きていくには、少しでも前に走り続けることが必要です。

いつも、前に向かって走り続けるためにも日々の生活の中で「ワクワク」に向かって自身の機嫌をとりながら走ること。あなたも武器となるいくつかの顔を持ちながら、毎日出会うワクワクに向かって走り続けてみませんか。

ソーシャルグッドな生き方を

常に楽しいことを求めて、取り組んできた人生。

これまでを振り返ると、ワクワクさせてくれたものは、自分の利益があるものではなく、人や社会に対するものだったことに気づきました。

つまり、誰かに喜んでもらいたい、何かに貢献したいという感情からきていたのです。

ワクワクすることは、少しでも社会に貢献できること、「ソーシャルグッド」を主軸に生きていくことです。

たとえば、その一つに保護犬活動があります。

これまでに2匹のプードルを家族に迎え入れました。どちらも繁殖犬として役に立たずに捨てられた保護犬で、そのうちの一匹は脱臼したまま放置されて三本足なのです。

初めて出会った時には胸が痛くなり、これからの時間は心地よく過ごしてほしいと心から願いました。

人も動物もお互いかけがえのない存在ですから、家族であるワンコも一緒に癒しの時間を過ごす事ができる場所を作ろうと心に決めました。

「くらるカフェ」がヴィーガン、プラントベースにこだわるのも、家族であるワンコが一緒に癒しの時間を過ごす事ができるよう願う気持ちからなのです。

そして、ささやかながら、保護犬保護猫の活動団体へサポートしていく予定です。

食に関する「ソーシャルグッド」としては農家さんが販売できない野菜を譲っていただき、ロスを減らし、米で麹を作る日本古来の発酵・発酵食品を次世代につなげていく活動をしています。

また、カフェでマルシェやイベントを毎日のように開催し、小さな子どもを抱えたママや年配の方も気軽に参加できる、地域の方のコミュニティを作っています。

自然に人が集まり、心地よくなる場所を提供したいのです。

すべては、人（仲間）がいてくれるから循環している。

だから流れを止めずに次へ次へと流しいくことが大切なのです。

そうして、それぞれの役割を果たすことが共生していくことなのです。

私は小さいながらも、会社の代表取締役として小さな社会を抱えています。経営者として思うことは社員・スタッフ・出会う人すべての人が才能・志・夢を持ち、教わる事がたくさんあるということ。

欠点・弱点を見るのではなく、それぞれが持つ強み、つまり「ワクワク」を伸ばしていくことで、場が作られるのです。

この小さな場でしていることを、町、日本、世界へと広げていくことが、共生する社会作りになるのではないでしょうか。

一人ではできないことがたくさんありますが、仲間が周りに居ることでこうしてカフェを経営することができ、社会の活動を展開することができます。

「なんて素晴らしいことか」といつも感謝の気持ちを抱いています。

また、子育ては放任主義でしたが、仕事を楽しんで働く母を見て育った2人の息子は「やりたいこと」「自分の強み」つまり「ワクワク」に向かって進み、頼もしく思います。

長男はファッション好きで料理好き。

おいしい料理を研究し、そのセンスの良さを生かして将来はフードテックを屈指し、最新のテクノロジーでまったく新しい食品を開発したり、調理法を発見したりする仕事に就きたいと話しています。

次男は探究心が旺盛で何かあれば調べては発見する、学ぶ面白さにのめり込み、東京大学に進学。

それぞれ自身の好きなことを見極め進んでいるようです。

好きなことを見極めてそれを向かって進むことが、この世を楽しんで生きるために一番大切なことだと考えます。

すると、その先はエスカレーターのようにスムーズに、次の階へと連れて行ってくれるのです。


あなたの好きなことは何ですか。

あなたは何がしたいですか

今も私はやりたいことがあり、それに向かって進み始めています。

ワクワクには自然に人が集まり、すばらしい仕事になります。

今、あなたの心をワクワクさせるものに向かって、進み始めてみませんか。

Message

「わたし」のブレイクスルー

「こんな田舎では無理」
「飲食経験がないと無理」
「仕事は一つに集中した方がいい」
世の中には「常識」とされる声が
多数あります。
それでも、全部そんな声を無視して、
「楽しい」「おもしろそう」に従い
飛び込むことで
あなただけの道が開かれるのです。

東谷 朋美さんへの
お問合わせはコチラ

Y Plus株式会社 代表取締役
ジュエリーレンタル事業／フォトウェディング事業

星野 悠月

新卒で起業するも
コロナで廃業。
それでも止まらず
ジュエリーレンタル等
次々ビジネスを展開する
若き経営者の覚悟

Profile

1995年、東京都出身。上智大学文学部卒業。大学在学中にＹ Plus 株式会社を起業し、卒業後すぐにタピオカ店を開業するもコロナの影響を受け閉業。その後女性用頭皮美容液のＥＣ販売をスタート。2022年４月より、主にブライダル向けのハイブランドジュエリーのレンタル事業を開始。多数の反響を頂き、某ウェディング誌にも掲載。現在はフォトウェディング事業を展開し、ブライダルフォトグラファーとしても活動している。

1日の
スケジュール

Morning

10:00 起床

11:00 ジュエリーレンタル&化粧品事務作業

12:30 フォトウェディング撮影開始

16:00 撮影終了、データ編集

17:00 SNS更新・ブログアップ

19:00 ナイトフォトウェディング撮影開始

21:30 撮影終了、風呂

23:00 データ編集・市場チェック

4:00 就寝

Afternoon

社会人経験ゼロで始めた起業、タピオカ店開業

大学4年生の時、同級生たちは誰もが就職活動で忙しく駆け回っていました。

そんな姿を横目に、私は就職の道は一切考えず、起業することだけを考えていました。

昔から自分の思い通りにならないと納得がいかず、人に指図されることが大嫌いで、わざと反対のことをしたくなるような自己中心的な人間でした。

そんな性格のため、就職は無理だろうと漠然と感じていたのです。

もちろん、起業とは茨の道だと認識していました。

しかし、私は起業するしかないと思い、事業内容を決めぬまま、在学中にY Plus株式会社を設立。まずは会社を設立することが先決で、その後、事業内容を決めようと考えたのです。

当時、タピオカ屋さんを見つけそのおいしさに衝撃を受け、毎日通うほど夢中になっていました。その頃はまだ全国的なタピオカブームは来る少し前。

しかし、絶対にこれは流行ると確信をし、お店を経営している会社に電話をかけフランチャイズ契約を獲得し、大学卒業後すぐにタピオカ店を開きました。

オープンした2018年は、行列をなしているお店を見ればそのほとんどがタピオカ店というほど、タピオカが全盛期でした。

いち早くそのブームに乗った私の店は、初年度の年商が3600万円に及びました。

新卒でキャリアがなくても躊躇せず始める、この勢いと時間感覚こそ経営者として大切なマインドです。

もしも1年でも遅れていたら、初年度からこのような年商を叩き出すことはなかったことでしょう。

躊躇している時間こそ「無駄」ですから、これだと思ったら動く必要があるのです。

ある程度のリスクがあってこそ大きなリターンがあるもの。

失敗を恐れ、リスクを取らないのであれば、ローリターンの道になります。

どちらを選ぶかは自分次第です。

私はリスクを取って、大きなリターンを得る方を選んだからこそ、多くの利益を得ることができたのです。

タピオカブームの終焉とコロナのWパンチ、新規事業で経験したセクハラ

経営状況は右肩上がりでしたが、２０２０年になると、次第にタピオカブームが下火になり、さらにはコロナウィルスにより、店の売り上げは一気に下がりました。

なんとか赤字を食い止めようと、真夏の30度超える日も、大雨の日も、真冬の雪の日も、往復1時間かかる配達先であっても、２本で約１０００円のタピオカドリンクを配達しました。

雪の日は手足がかじかみ感覚がなくなりますが、頼んでくださるお客様の存在がありがたかったので、どんなにささやかな注文でも対応しました。

しかしながら、雪で渋滞に巻き込まれて配達予定時間を過ぎることも多々あり、お客様の怒りを買っては頭を下げる日々を繰り返したのです。

起業もタピオカ店開業も、すべて自分が決めたことだと分かってはいましたが、そんな日々が続くと、自然と涙が込み上げてきました。

この時、正社員として働いている人たちをうらやましく思いました。

努力をしても赤字が続き、自分の給料さえもらえない今の自分からしたら、会社に所属

しているというだけで、毎月固定の給料がもらえる仕事が心からうらやましいと思ったのです。

こうして、コロナ禍でのタピオカ店は努力もむなしく、赤字から一向に回復しなかったため、開店から約2年弱で閉店を決意しました。

この時はお店が私の人生のすべてだったので、胸が張り裂ける思いでした。さまざまな経験や思い出、常連さんの顔が走馬灯のように頭の中を駆け巡りました。

しかし、経営という状態を存続できないのであれば、潔く諦めて前に進むことも必要だということを身をもって学んだのです。

学生の頃、周りの人からは「まずは普通に就職して社会人を経験して学んでそれから独立した方がいいのでは」などと言われましたが、聞く耳をもたず起業しました。

そして、2年で失敗。

結果だけ見ると、卒業後すぐに起業したことは間違いだったのではと思う人もいるかもしれませんが、それでも、私はあの時に就職せず起業をした選択は間違っていなかったと思います。

飲食店オーナーとしてすべての責任を負うということ、人に指示を出してリーダーシップを取ることなどたくさんのことを経験しました。

社会の荒波にもまれたことで、経営についての知識を身につけ社会に順応できる人間へと成長することができたのです。

失敗することを想像すると、誰もが恐怖心を抱くことでしょう。

特に、お金に対する不安を抱くのではないでしょうか。

私自身、起業前は失敗したら人生終わりだと考えていました。

しかし、実際に失敗を経験して借金も残ってしまいましたが、多少の借金は取り戻せば良いだけ。つまり、何も失敗していなかったことがわかったのです。

大切なことは「利益」だけではなく、起業をして自分が「経験」できることだと体感しました。

お店はなくなっても、絶対になくならない「経験」という宝が手に入ったのです。

もしあなたが起業をするか迷っているのなら「すぐに行動して」とお伝えします。

お金は一時的になくなっても経験を身に付けるので、心に余裕ができ、かならず次の事業に活かせます。

起業したら時代の流れやニーズを見極めて、事業を展開し続けるのみなのです。

私がタピオカ屋を閉店してから、第二新卒で就職する道もありましたが、それを選ぶことはなく、別事業の準備に取り掛かりました。

次はコロナの影響を受けないようインターネット上で販売する「ＥＣ販売」に目をつけたのです。

母が髪に悩んでいたことから、女性向けの頭皮美容液の開発に着手しました。

次の事業の準備はあっという間に進み、経験こそ宝であることを実感しました。

しかしながら、ここで「女性経営者」であるゆえの困難に直面したのです。


頭皮美容液を開発するにあたり、化粧品を製造してくれる会社（ＯＥＭ会社）を探していた時のことでした。

銀座の中心地の大手企業を見つけ、連絡を取ると、上層部の男性が対応してくれました。

その後、開発に協力してくれるというので何度か打ち合わせをすることになりました。

コロナ禍で多くの企業がオンラインでの非接触型の打ち合わせを実施するなか、いつも直接打ち合わせをしていました。

しかし、打ち合わせに行くと仕事の話は２割程度であとはプライベートの話ばかり。

次第に仕事の話をしてもらえなくなり、食事に誘われるようになりました。

そこでビジネスパートナーではなく、女として見られていることに気づいたのです。

馬鹿にされたと感じて悔しくて泣きました。

今まで女性であることで劣等感を感じたことはありませんでしたが、「もし私が男だったら……」と考えるようになりました。

しかし、そのことで悩んだりすることこそ自分にとって利益がないものです。

悔しかった思いを仕返しや自分責めに使うのではなく「絶対成功してやる」という野心に変え「時間大切にしよう」と気持ちを切り替えて別の会社に依頼しました。

すると、その会社では丁寧に対応くださり、あっという間に商品化が進んだのです。

女性がビジネスを始めると見下されたり、色恋の対象として扱われたりすることがあるかもしれません。

それによって悩むことや何か相手にわからせてやろうと思うことがあるもしれません。

しかし、何が起こっても気持ちを切り替え「時間」を大切に判断していきましょう。

女性を対等だと思っていない男性はいますから、そのときは運が悪かったと割り切り、担当を変えてもらうか会社を変えましょう。

時間を基準に動いていくことで、適切な展開が訪れていくのです。

トラブルを経てジュエリーレンタルサービスが成功するまで

こうして２０２１年に事前準備を経て化粧品ＥＣ販売を始め、タピオカ店を閉店。同年、私生活では10年間交際していた彼と結婚し、コロナ禍のため挙式はせずにフォトウエディングをすることにしました。

ウエディングでは「ヴァンクリーフ＆アーペル」という一流ブランドのジュエリーを身につけたいという憧れがありました。

海外の花嫁さんのインスタグラムを見たことで、その美しさに魅了されたのです。しかし、ヴァンクリーフのピアスやネックレス、ブレスレットをセットで購入すると総額２００万円以上かかります。そのうえ、普段使いのできないドレッシーなジュエリーであることから、購入に踏み切れませんでした。

そこで、レンタルサービスをしているところはないか探しましたが、見つかりませんでした。

そのとき、「ウエディングドレスには何十万ものお金をかける花嫁さんもいるのに、なぜアクセサリーはハイブランドではないのだろう」と思ったのです。

もしかしたら、私と同じようにハイジュエリーを身につけたいけれど、諦めている花嫁さんがたくさんいるのではないかと考えました。

この頃、ウェディングでハイブランドジュエリーを身につけるという発想がまだ日本には浸透していなかったのです。

そこで、一生に一度の大切な日にハイジュエリーをレンタルするサービスがあれば、多くの花嫁さんが利用したいのではと考え、事業化に向けて動き出しました。

思いついたらすぐに実現できることが、起業の楽しさです。

まず、ジュエリーの買い付け資金を調達するため、金融公庫から融資を受けました。次に、中古品を扱う許可を得るために古物商許可を取得しました。

ヴァンクリーフは大変人気ブランドのため、入手困難なジュエリーが多々あり、毎日市場をチェックし、在庫があればすぐに購入して品揃えを充実させました。

こうして、憧れのヴァンクリーフを身にまとい、フォトウェディングを実現したのです。

夢のフォトウェディングを経て、多くの花嫁様に同じ感動を味わってほしいとジュエリーレンタル事業を２０２２年４月にスタートしました。

ブライダル業界については無知で、新参者がうまくいくか不安がありました。

しかし、それ以上に最高のジュエリーをまとって最高の花嫁姿で一生の思い出を作ってほしいという想いが原動力になったのです。

事業を始めるとすぐに問合せがあり、順調な滑り出しをみせました。ウェディングだけなく、ウェディング以外のパーティーや特別な日にも利用したいとの声もあったため、多くの方に利用してもらえるように対応しました。

ところが、開始早々トラブルに巻き込まれてしまいました。

複数のジュエリーのレンタルを希望された人がおり、人当たりが良く入金も早かったため信用して送ったのです。

しかし、返却日になってもジュエリーが返却されず延滞金も支払われないまま音信不通になり、全身の血の気が引きました。

ヴァンクリーフのジュエリーをつけてウェディングをすることを楽しみにしている花嫁様たちが待っています。一生に一度の大切な日を台無しにしてしまってはいけません。

「そんなことは絶対にさせない」と心に決め、ジュエリーを取り戻すために、送り先の熊本県まで飛行機で向かい熊本空港からレンタカーを借りて車を走らせました。

送り先にたどり着くと不在で2泊して連絡を取り続けたところ、観念したかのように連絡がつき、ジュエリーを返してもらうことができました。

この利用者は、他のレンタル事業者からも横領し裁判沙汰になっていたようです。

この時に、この事業は大変ハイリスクであることを思い知らされました。

これを機に審査をより厳しくして、利用規約を厳しく改訂しました。

ほとんどがよいお客様ばかりのなか、融通を利かせられないことが残念ですが、この事業をするうえではルールが不可欠です。

詐欺や横領罪に巻き込まれる可能性があり、リスクと隣り合わせの事業なのです。

それでも、このサービスを利用してくださったお客様から「本当に素敵な挙式になりました」と感謝のお言葉をいただくと、すべてが報われるような幸せな気持ちになります。

また、ピアノの発表会やパーティーに利用して頂いたお客様からも激励のお言葉をいただき励みになります。

現在では、北海道から沖縄まで全国の女性たちが利用してくださり、予想を超える反響を呼び、飲食業をしていたときとはまた違う喜びややりがいを発見したのです。

経営者として走り続けることの運命

こうして、23歳から4年間、経営をするなかで心境の変化が起こりました。女性経営者として頑張っていくうえで嫌な思いをする場面に出くわすことがあり、一時は「もし私が男だったら」と思い悩んだこともありました。

しかし、今は女性であることに誇りを持っています。

経営するなかで「女性であるからこそ」わかることが多々あると気づいたからです。女性用の頭皮美容液も、ジュエリーレンタル事業も「女性だからこそ」ニーズがわかり誕生しました。

「共感できる」という強みに気づいたときに女性であることの誇りが芽生えたのです。

これからはさらに女性のニーズを満たせることを事業化していくつもりです。

そして、女性経営者が悔しい思いをせずに活躍できる社会になるよう願っています。

社会人経験ゼロのまま起業して4年経ちますが、多くのことを経験しました。

こうして憧れのジュエリーに囲まれ、好きなことを仕事にできていること、そして、私の考えに共感してくれるお客様がいることが幸せです。

大変なことを乗り越えたからこそ今の幸せがあるのでしょう。

とはいえ、経営者である限り、ずっとこの状態が続くわけではありません。常に敏感に顧客のニーズを把握していなければならず、競合他社が現れる場合に備えて独自性を築き上げていかなければなりません。

休むことはできず、毎日常にアンテナを張って頭を稼働しています。トラブルも勃発するのでその都度対処していかなければなりません。

起業という道を選んだ日から、ずっと走り続けるランナーとなる宿命なのです。

ゴールは常に上へ上へと塗り替えられ、どんなに頑張って走っても報われることばかりでなく、自分の給料すら取れないこともあります。

それでも、経営者として成功するという強い信念とプライドが走らせて続けてくれます。

たくさんの失敗を経験したことで、失敗はただの通過点に過ぎないということを知りました。失敗は次につながり、次に行くほど可能性が広がり、走り続けるうちに、自身も事業も強く大きくなっていくものなのです。

この先も一喜一憂しつつ、休むことなく走り続ける、それが経営者としての私の覚悟です。

Message

「わたし」のブレイクスルー

新卒で起業をしたこと。
思えばこれが、
私のブレイクスルーの始まりだった。
この先もずっと、ブレイクスルーを繰り返し、
女性起業家として、
立ち止まらない覚悟で進み続ける。

星野 悠月さんへの
お問合わせはコチラ

株式会社KYPHI（キフィ）代表取締役
占い師／占いの館経営／宿泊業

増井 サリン

タロットカードとの出会いで才能開花！鑑定した人の未来を変えるカリスマ占い師

Profile

1965年、山口県出身。９歳の誕生日にタロットカードと出会う。22歳のとき導かれるようにして、占い業界の老舗㈱トライアングル（旧魔女の家）に入社 。27歳で独立し、占いサリン魔女の館設立。鑑定歴36年、鑑定人数13万人以上の実績を持ち、新聞、テレビ、ラジオ、雑誌、イベント等、活動は多岐に渡り国内外の広範囲で活躍。宿泊施設「座敷わらしさん家」運営や文化スクール、結婚相談所、観光業や不動産等幅広く展開し2020年法人化へ。現在は人気占い師として活躍する一方、占い師の育成や女性起業家として幅広く活動している

1日の
スケジュール

Morning

6:30　起床　子どもたちのお弁当作り、朝食

8:00　学校送迎、家事

10:00　仕事(対面鑑定・マリッジカウンセリング・占い講座など)

16:30　学校迎え、買い物

18:00　夕食、家事、入浴

20:00　仕事(電話占い・チャット占い・メール占い)

2:00　就寝

Afternoon

タロットカードとの運命の出会いから、占い師を夢見て

9歳のお誕生日に私の元へやってきたのはモノクロの小さなタロットカードでした。手にした瞬間「これ一つで未来がわかるなんてすごい！」と、まるで魔法使いになったような気持ちになりました。

今はもう手元にありませんが、すべてのカードの絵が脳裏にしっかりと焼き付いています。小学校に持参して毎日友人や先生を占い、高校生になる頃には、友人のお母さんや近所の人までが「占ってほしい」と言ってくれるほど。

占った人たちからは、お菓子や野菜、お米や果物をいただくことが増え、なかにはお金を下さる方もいました。

しかし、何よりうれしかったのはみんなが感謝の言葉をくださったことです。

この頃から「将来は占い師になるのも良いな」と思うようになりました。

そう思えた理由は、もう一つありました。

私は先天性股関節脱臼という、生まれつき股関節の作りが浅く脱臼しやすい体質を持っ

ていました。

無理をすると痛みで歩けなくなるため、長距離を歩くことや、重いものを持つこと、体育も禁止で、遠足は先生の車、通学は母の車で送迎……と、日常生活には様々な制限がありました。

幼い頃から、「将来は立ち仕事や肉体労働はできない」と、医師や両親から言われていたので、それが「占い師」という仕事とマッチしたのです。

タロットカードと出会ってからは、母が占いを教えてくれました。

そして、鑑定するたびに「あなたは足が悪くても、その分特殊な能力を神様が与えてくれたのね」と言葉をかけてくれました。

そんな母のおかげで、人生や運命に感謝しながら、早い段階で天職を見出すことができたのです。

しかしながら、すぐに占い師になったわけではありませんでした。

好奇心旺盛な学生時代、やりたいことを全部経験したいと思い、高校を卒業したあとは、福岡スチュワーデス学院に進学。予想通り、身体に負担がかかりとても仕事にはできないと現実を思い知らされましたが。挑戦したことへの楽しい思い出が残っています。

その後、出版社、大阪有線放送と転職。「一度はやってみたい」と思ったことをすべて体験できたことが人生の宝物になりました。

望みを自分自身が叶えられたと、心の底から満足し切ったある日のこと、不思議な夢を見ました。

人の山ができ、その奥にとてつもなくまぶしい光が放たれているのです。

その人を押し分けながら前へと進むと、たどり着いた先には、大天使ミカエルのような美しい少年がいました。その少年は私に微笑みかけ「君にこれをあげよう」とタロットカードを授けてくれました。

夢から覚めた瞬間に、あまりの神々しさから感嘆のため息が出て、縁起の良い夢だと直感したのです。

運命の夢はそれだけでは終わりませんでした。

近所のショッピングモールで迷い、暗い通りに入り込むと、その先には紫の怪しい光が私を誘い、導かれて行った先には怪しいお店がある……そこで目が覚めました。

数日後、妹と行き慣れたモールへ買い物に行くと、なぜか見慣れない通りへ出ていました。ハッとあの夢を思い出し、「この裏に怪しいお店があるはず」と歩くと、夢と同じ光景の紫の怪しい光が目に飛び込んできたのです。

その光の中から、魔女が出てきて私に「占いはできる？　あなたは今日来るべくしてきたのよ」と言い放ち、一枚の紙を渡されたのです。

何かに導かれるまま、そこに書かれた住所へとすぐに向かうと、老舗の占いの会社がありました。門戸を叩くと、そこにいた占い師の方が、私の顔を見るなりすぐに、「いつから来られますか」とポツリ。

22歳の夏のこと、なんの迷いもなく、その占いの会社に入社を決めたのです。


入社した日から鑑定を開始することになりました。

当時下関や北九州で知らない人がいないくらい有名人のイリア女史から、西洋占星術を教わり、多くのイベント会場を回り1日に50人の鑑定を余儀無くされました。ときには炎天下、意識朦朧としながら鑑定することもありましたが、その経験が私を鍛え作り上げてくれたのです。

経験が増え、もっともっと多くの人の悩みを、制限なく自由に聞きたいと思いが募り、1993年に独立することを決意。

山口県下関市に「占いサリン魔女の館」を設立しました。

占い師として独立

独立した当時は、薄暗い怪しいビルの2階で24時間休むことなく営業しました。

近くの交番のお巡りさんが心配し、夜中に見回ってくれたおかげで危険な目に遭うこともなく、思う存分占いができました。

独立してからすぐにお客様が絶えず訪れるようになったのは、陰で見守ってくれる人々のお陰で、占いだけに集中できたからです。

開業1年後からは、これまで受け継いだものを次の世代に受け渡そうと、お弟子さんを育て始め、世に送り出した占い師の人数は100人を越えました。

教わる側から教える側になったと同時に、新聞や雑誌、テレビやラジオなどのメディアで取り上げられるようになり、番組の占いコーナーなどを担当するように。

2000年にはオーストラリア、フランス、イギリス、香港、韓国と海外展開し、スポーツ界、政界、芸能界など多くの方に訪れて頂けるようになりました。

こうしてやりたいことに夢中になっていただけで、気づいたら「女性起業家」と呼ばれるようになったのです。

これまで13万人を鑑定し、人生の半分以上36年もの間鑑定に時間を費やしてきました。

占いを始めたころに視ていたお子さんが、大人になり、そのお子さんが恋や進路の相談に訪れるということもあり、流れる月日とともに繋がるご縁に感謝の気持ちを抱きます。

現在は老若男女幅広い年齢層の方が訪れ、月に平均８００人ほど、１日に換算すると平均25人ほど鑑定をしています。休日も昼夜問わず鑑定し続ける私を見て、「なぜそんなに頑張ることができるのか」と聞かれることがあります。

たしかに、そこまで占う人の数を増やさなくても生活の心配もなく、悠々自適に暮らすことはできています。

しかし、占いは私にとって「仕事」ではなく「生活の一部」ですから、鑑定をしないことなど考えられないのです。

国内外の旅行や出張の際の鑑定はもちろんのこと、事故にあい、救急車で運ばれる途中や入院中の院内で鑑定したこともあるほど。多忙ですが、これは私の宿命だと受け入れ、好きな事なのでどんなに忙しくても楽しく充実し疲れることがありません。

また、天職と出会うことで、集客で困ることなどなく、必要な人が自然と訪れ、周囲の人が祝福するように応援してくれるようになり、助けられながら道を極められるのです。

たとえば、母が才能を見出してくれたことや、鑑定した時に喜びのお礼をいただくようになったことがそのきざしでした。

私をスカウトしてくれたアンリ先生は九星気学と易学を惜しみなく教えてくださり、故ルル・ラブア大先生は本には書かれていない奥義を教えてくれました。

また、占い雑誌「マイバースデー」のマドモアゼル・愛先生のラピスクラブでも、経験を積ませていただきました。そして、エミール・シェラザード先生とは、ラフォーレ原宿小倉のオープンイベントでご一緒させていただき忘れられない思い出となりました。

占い業界の一流の先生方から、たくさんの知恵を譲り受けたのです。

このように、心からやりたいことをすると、「あなたはその道で合っているよ」と天から祝福されるように「ご縁」が繋がります。自然な流れで多くの助けを受けながら、夢を叶え成功することができるのです。

もしも、夢が叶わないのであれば本気でそれをやりたいと思っておらず、他人に憧れているだけなのかも知れませんね。同じ人間ですから、誰でも自分の「意識」で夢を叶えられるのです。

成功とは夢の実現であり、夢の実現とは、自分の「やりたいことがやれること」。

つまり、「やりたいことがやれること」こそが、成功なのではないでしょうか。

そうであれば、やりたいことを行動に移すだけですから、誰もが成功できるのです。

お客様の声から宿泊施設や結婚相談所を開業

思い起こせば子どもの頃から、占いやおまじないのほか、神社やお寺が好きでお地蔵様や観音様などの置物をコレクションしていました。

目に見えないものを信じ、それらを感じられる空間や場所が好きだったのです。

そこで独立してすぐ、館内に見えないものと繋がれる祭壇を作りました。

その祭壇にはいつものように夢で導かれてやってきた不動明王をはじめ、菩薩様、お釈迦様、観音様をお祀りしたのです。

すると、鑑定後多くのお客様が手を合わせて帰られるようになりました。

2019年には座敷わらしさんの御霊の入ったお人形がやってきたので、一緒にお祀りしました。

座敷わらしさんに出会えると女性は玉の輿にのれる、男性は出世すると言われます。

すると口コミで望みが叶うと有名になり、四国や鹿児島、大坂や宮城など遠方からも、訪れるようになりました。

ところが人気を博し1人5~10分しかお部屋にいることができないという事態に。

「もっとゆっくり座敷わらしさんと時間を持ちたい。宿をやって欲しい」と、要望があり、物件を探すと一つのお屋敷に導かれました。

築400年の古民家で、歴代村長を輩出し続けた大変栄えたお家と出会ったのです。入るとすぐに座敷わらしさんがいることに気づき、宿泊するとかわいらしい姿を見せてくれたのです。

座敷わらしのお宿で有名な「タガマヤ村」の半助さんの応援もあり、山口県に「座敷わらしさん家」をオープンさせる事ができたのです。

一日一組限定のお宿としてオープンすると、順調な滑り出しを見せ国内外から多くの人が訪れる人気のお宿となりました。

宿泊した方から、「姿を見た」「気配や足音を聞いた」「夢が叶った」などと喜びの声が届き全国の方々に愛されるお宿となったことがうれしくてなりません。

「座敷わらしなど科学的に証明できない」と思われる方もなかにはいるでしょう。

しかし、「実在するか否か」「出会えたか出会えなかったか」が重要なのではなく、訪れた方の「意識」が変化することこそが重要なのです。

願いを叶えるコツは「叶う」と心から信じられるような意識に変換することです。

たとえば、トントンというかわいらしい足音や、笑い声、鈴の音を聞くことができたらそれが思い込みであったとしても「幸せになれる」と前向きになれますね。
その気持ちこそが「開運意識」にスイッチを入れ、現実を変えます。
それは占いに訪れた方が鑑定結果を聞いて気持ちが変わり、理想の未来に近づくことと同じ効果をもたらすのです。

開業当初は宿泊施設を運営するなんてまったく想像していませんでしたが、占いも宿も「意識を変える場」という共通点がありお客様のニーズを追求したことで生まれました。

また、他にもお客様の声で、生まれた事業として「結婚相談所」があります。

男女共に占いのなかで一番多い相談は出会いや結婚であり、相性もわかることから、ある時出会いのパーティーを開いたところ多くのカップルが誕生しました。

次第に、「結婚相談所をして欲しい」との声で一昨年立ち上げ、占いから探すため成婚率が高く多くのご縁が誕生しました。

宿泊施設運営も、結婚相談所も、一見占いとは関係ないようですが、お客さまの声を聞くことから、私が提供できるものを知り生まれた事業なのです。

やりたい事がわからないときは、お客さまや周りの方のニーズを聞くと、次の展開が現れます。

不思議とそれは、自分の求めているものや事業の本質的をついたものなのです。

あなたへのメッセージ

未来は今の「意識」で変えることができます。

私は今まで願いが叶わなかったことがなく、すべて思い通りに進むので、誰もが同じように願いを叶えられると思っていました。

しかしながら、鑑定をするなかで「好きな人に気持ちが伝わらない」「なりたい仕事に就けない」という人がこの世には多くいることを知って驚いたのです。

ただシンプルに「望む」だけなのになぜ叶わないのだろうと、当初は理解できませんでした。

そういうと、人は「あなたが特別で、念が強いからだ」と言います。

確かに念とは「思い」なので、叶う未来に意識を合わせて、心から望む「思い」に忠実に手に入るまでやりきるという意味では強いのかもしれませんね。

しかし、叶わない人と私の違いはただそれだけのこと。

念とはただの「思い」でその人の「意思＝意識」に過ぎず、誰かが特殊な能力や強い念を持つわけではないのです。

ただ、鑑定のなかで、はっきりとわかったことがあります。

願いが叶わない人は、「本気で叶えようとしていない」「実は本心は叶ってほしくない」など、「願いを叶えることをはばむ意識」を持っているということです。

そこで、願いを叶えることが苦手な方には「未来は自分の意識が作るもので、運命はいくらでも自分の意識で変えられる」ことを知ってもらい、あるお相撲さんの言葉を伝えています。

「はっけよいのこったの瞬間、一瞬でも気持ちがぶれたら負ける」。

一瞬でも「負ける」という意識が働いた瞬間に負けるのでしょう。

同じように商売でも恋愛でも、もうダメだと感じたらダメになりますし、意地になって成功するイメージを持てば成功できる……気持ち一つでどちらにでも転がっていきます。

「ダメになるよ」「失敗するよ」「間違えるよ」と思えばそうなるし、「必ず叶うよ」「あなたなら大丈夫」「あなたは幸運よ」と思えばそうなる。こうした無意識の言葉があなたの未来を決定づけます。

意識は意思となり、意思は行動となる……まさにマザーテレサの言葉の通りですね。

ここまで読んで素直に「意識を変えればいいのね」と軽い気持ちで受け取られた方はそのままお進みください。

しかし、それでも信じられない人や自分を律しがちな方には魔術を紹介しています。

魔術とは一見怖い響きですが、自分の願望に向き合うことができる強い味方です。

お誕生日ケーキにロウソクを灯して吹き消して願い事をするでしょう、あれこそが魔術の始まりです。

小道具を使い、夢や願い、目標を見つめ直し魔術をすることで、意識が変わりイメージ通りに叶うのです。

願いを叶えられない人は、魔術という形で自分の思いを確かめて信じる練習をする。

次第に願いの叶え方―意識の変え方―に慣れると、思うだけで叶うようになります。

今この瞬間から意識を変えるだけで、あなたの未来が変わりますから、意識をコントロールして理想の未来を切り開くのです。

さあ、5分後、1年先、5年先、10年先の自分を思い描きましょう。

今あなたの頭に浮かんだ自分は未来の自分の姿なのです。

何も見えない人、浮かばない人は、望んでいることがないので何も叶いませんよ。

自分の夢は何だったのか今一度思い出しましょうね。

一度しかない人生、あなたが主役でシナリオを書くのは他の誰でもないあなたです。

さあ、ハッピーエンドのシナリオを自由に描きましょう！

Message

「わたし」のブレイクスルー

足が不自由に生まれたものの、
人生には困ったことがなかった。
与えられたすべてを受け入れ
「ラッキーな人間」だと思い生きてきた。
「自分はラッキーな人間だ」と思うこと。
それこそが人生を突破する鍵なのです。

増井 サリンさんへの
お問合わせはコチラ

スープカレーマルナ・ジンギスカンマルナ 代表
スープカレー専門店・ジンギスカン専門店経営／宿泊業

南 奈奈

税理士の夢を断ち
スープカレー
専門店開業！
複数の事業を手掛ける
敏腕経営者の道のり

Profile

富山県出身。大学在学中に税理士資格を取るための勉強を開始。８年かかっても資格が取れず挫折を味わう。そんななか、北海道旅行で訪れたスープカレー屋に感動し、飲食業で起業することを決意。2007年、富山県初となるスープカレー専門店を建設開業。2012年、スープカレー店を増築し店舗面積と客席を２倍に。2018年、ジンギスカン専門店を開業。2023年、飲食店の隣に１日１組限定の宿泊施設を建設開業。

1日の
スケジュール

Morning

8:00 起床・ストレッチ

9:00 仕事開始

20:00 仕事終了

20:30 食事

21:00 ジョギング

22:30 お風呂・翌日のプランニング

24:00 就寝

Afternoon

結果を出せずさまよった20代

「ワクワク感じたことを行動に移す」ということを意識するようになってから、人生が楽しく、良い方向に向かうようなりました。

私は、現在富山県で飲食店2店舗、宿泊施設1店舗を経営しています。

今の私は「やりたいな」と自然と思えることに出会ったら「とりあえずやってみよう」と考え、すぐに行動できるようになりました。

しかし、以前はすぐに行動するタイプではありませんでした。

そんなある日、自分の生き方を見つめ直すきっかけがあり、人生が一変したのです。

まずは、人生が変わる前の20代のお話をします。

高校時代は地元の高校に通い、その後国立大学に進学しました。

それまでの人生は、受験に受かることを目標にして努力してきました。しかし、いざ入学してみると、次に何を頑張れば良いのかわからなくなりました。

「大学を卒業したら何をすればいいんだろう」と、漠然とした不安を感じ「社会に出るからには自分で稼がなければいけない」と考え、将来の仕事を探し始めました。

そこで、同級生たちが何人か税理士を目指していたことから、私も税理士を目指すことにしました。

ところが、いくら努力をしても、税理士の国家試験は合格できませんでした。

それでも、一度頑張り始めるとこれまでの努力を無駄にはできないと、その目標を諦めることができなくなっていました。

その結果、20代のうち8年間もの間「税理士試験に合格する」という目標に向かって、すべての時間を費やしました。

「一度決めたことは最後までやる」と、目標を達成するために努力した20代。

当時は先の見えない毎日がつらく、真っ暗闇のトンネルの中をさまよっているようでした。

楽しく取り組めないことを毎日続けても、自分の力を発揮することはできません。

しかし、この頃は「自分には才能なんてないから、嫌なこともするしかない」と、頑張り続けていました。

その後、「才能（得意な分野）はすべての人にかならずある」ということを知りました。

たとえば、植物には根っこがあり、茎があり、葉っぱがあります。

しかし、同じ植物でも花が咲くものと咲かないものがあります。

それは、置いてある場所や水のやり方など何か環境の違いがあったからでしょう。

ただ、花が咲いても咲かなくても、その植物には必ず根っこがあり、茎があり、葉っぱがあります。

この土の中にあり、目に見えない「根っこ」に当たる部分が人間でいうところの「才能」です。

才能も同じく目には見えませんが、根っこがない植物なんてないように、才能がない人間なんていないのです。

才能は誰しもありますが、開花するかしないかは周りの環境や本人次第なのです。

この時の私は、自分が本当にやりたいことは何か、自分の才能は何か、ということを意識することなく、ただ目の前のことを必死に取り組んでいたため、いつまで経っても結果を出すことができませんでした。

そんな苦しい時期を過ごしていたある日、気分転換をしようと北海道に旅行しました。

執着を手放し直感に従って行動する

29歳で北海道に旅をすると、転機が訪れました。

それは旅行先でスープカレー屋さんに入った時のことでした。

当時、スープカレーは北海道にしかなく、全国ではまだ無名の食べ物でした。

「カレー」の言葉から、男性的な料理で、見た目は茶色で地味、味はこってりしている、というイメージを持ってお店に入りました。

しかし、お店に入った瞬間に、そのイメージを根本的にくつがえされました。

そのお店の雰囲気はとてもおしゃれで、店内は若い女性客で埋め尽くされていました。

まるで素敵なカフェに入ったような印象を受けたのです。

運ばれてきた料理を見てさらに驚きました。

人参やブロッコリーなどの野菜がたっぷり、彩りもきれいで盛り付けも美しいのです。

そして、一口食べるとあっさりとしたスープの中にも深みのある体に優しい味に衝撃を受けました。

食べ終わってお店を出る頃には、「この感動をみんなにも味わってほしい。スープカレーを富山に広めたい。お店を開こう」と決意しました。

「やりたい」という想いが自然と湧き上がってきたのです。

それと同時に、「なぜ私は税理士になろうとしていたのだろう」「何のために今それをしているのだろう」と自分の生き方に初めて疑問を抱きました。

そして、あれほど執着していた「税理士になる」という目標をあっさり手放し、目標を「スープカレー屋を開業する」に変えたのです。

大切なことは、

・何のために今それをしているのかを考えること。

・やっていて楽しくないと感じたときは、努力の方向が違うかもしれないと疑うこと。

・今までやってきたことに執着せず、手放す勇気が必要なこと。

この3つの観点でした。

これまでの間違った努力に気づき、スープカレー屋開業に向けて進み始めました。

この時の決断と覚悟で、人生は一瞬にして変わりました。

自分がやりたいと直感で思ったことに対して、自分を信じて突き進むことで、人生が開いていきました。

「楽しい、ワクワクする」という感情に従い行動し続ける先に、自分の才能（得意分野）

があります。

スープカレーを富山の人々が食べている姿を想像するとワクワクしたため、この道に間違いないと確信しました。

そこで、お店を訪れた3ヶ月後、カレーの修行をするため北海道に移住しました。

北海道で受けた衝撃と情熱を忘れないうちにすぐに行動に移したのです。

どんなに強い衝撃を受けようと、感動しようと、時間が経過すると、その衝撃や感動も薄れてしまい、忘れてしまいかねません。

時間が経つうちに「自分にできるだろうか」などとできない理由も浮かび不安が増えるものです。

すぐに行動しなければ情熱はなくなってしまい、そのまま行動に移す事なく終わっていたでしょう。

直感で「これだ！」と思った時から、「できる、できない」ではなく、「どうすればできるか」を考えたのです。

やりたいことを見つけて形にするまで

北海道に移住し、旅先で訪れたスープカレー屋さんで働きました。

そのお店の味が大好きで、同じ味のスープカレーを提供するお店を開くために、修行しようと考えたからです。

帰宅後、その日に学んだことを家で何度も練習し、味の再現に努めました。

しかし、真似だけではいけないだろうと考え、多少のアレンジを加えながら作ってみたところ、友人に「これはまったく違う食べ物だ。真似をするならとことん真似をした方がいいのでは」と言われてしまいました。

その言葉を聞いて「素直に」「徹底的に」「100%真似る」ことを意識して作りました。

富山に居ながら、北海道で食べるカレーと同じ味を楽しんでもらえるよう、そのままの味を再現することを目指し、レシピを完成させたのです。

こうして1年の修行を経て、富山に帰県し開業準備に取り掛かりました。

そこで、お店を建てるか、借りるか、2つの選択肢の間で悩みました。

当時の私にはまとまったお金などなく、実績もないためお店を建てるお金を銀行に借りることができませんでした。

その時、両親が「お金を貸すから建てたらどうか」と申し出てくれたのです。

親に迷惑をかけたくないと思い一旦断りましたが、ある人に「甘えられる人がいるって幸せだねえ」と言われ考えを改めました。

そこで、両親にお金を借り、お店を建設することにしたのです。

人は誰しも「甘えてはいけない」「頼ってはいけない」「迷惑をかけたくない」という想いがあるものです。

私もその時までは、人にうまく頼ることができませんでした。

しかし、今なら「頼れる人がいるならば甘えよう、助けを求めよう」と迷わず選択することができます。

開業までの過程で、一人の力ではどうしようもできないことがあり、多くの方に助けてもらったからです。

ワクワクする気持ちに従い、自分の得意分野で努力しつつ、人の力に頼る事で、飲食業未経験ではありましたが、1年程度でスープカレー屋を開業する事ができました。

この時、人に助けてもらうことで成長が加速することを実感しました。

そして、人の助けのありがたさを実感し、早く成長して自身も早く誰かを助けられる存在になろうと考えるようになりました。

開業後は、ありがたいことにすぐに行列ができるお店になりました。

それは、北海道に移住した日からSNSで日記を書いていたことが大きく影響しました。スープカレー開業に向けての熱い想いから、カレー屋での修行の日々、日常生活のこと等を綴っていたことで、開業前からオープンを楽しみにしてくれる方が多くいたのです。

その後も、SNSと口コミで、多くの方に当店を知っていただきました。

口コミの影響は大きいため、インターネットのレビューはチェックし、良い書き込みからはさらに伸ばし、悪い書き込みには、素直に反省して改善する。

お客様が何を求め、どうしたらさらに喜んでもらえるのか考え続けました。

そして、「面倒だけれどもした方が良いこと」や「いつもと違う何か」をスタッフと話し合いながら実践していきました。

こうして、起業5年後に、スープカレー屋の面積と客席を2倍に増築し、10年後にジンギスカン屋を開業。事業を広げていくことができたのは、「お客様に喜んでもらいたい」と思い、要望に応えるための小さな行動を積み重ねた結果でした。

感動体験を求めて旅に出よう

２０２０年、コロナが流行すると飲食業の売上は半分以下に落ち込む期間が続きました。将来を悲観し、思い悩み、気持ちが沈む日が続く苦しい時期でした。楽しかったはずの飲食業が、楽しく感じられなくなっていたのです。

誰も来ない店内で「もう辞めようかなぁ」と思わず弱音がこぼれました。

そんななか、ぼんやりとＳＮＳを眺めていると「サウナモニター募集中！」という投稿を目にしました。

一日一組限定の宿泊施設で、サウナを増設してリニューアルオープンしたことでモニターを募集していたのです。

コロナ禍でサウナに注目が集まっていることから興味を持ち、すぐに応募しました。

モニター当日、オーナーから「サウナを増設したことで宿泊の予約客がさらに増えた」と聞きました。

そこで、今あるもの（＝宿泊施設）に何か（＝サウナ）をプラスすることで、お客様にさらに喜ばれる経営を目の当たりにし、感動したのです。

これを自身の事業に当てはめるとどうなるか考えました。

「今ある飲食店」に、コロナで需要が増大している「一棟貸切の宿泊施設」をプラスすると、お客様に喜んでいただけるのではないかとひらめいたのです。

こう考えたのも、2店舗目のジンギスカン店はお酒を召し上がるお客様が多く「ジンギスカン食べて、飲んで、このまま泊まれたらなぁ」という声が多々あったからです。

そこで、飲食店の隣に宿泊施設を増設することを決意しました。

こうして、サウナに訪れた10日後には、宿泊施設の建設を依頼、1年後に宿泊施設を開業しました。

宿泊業での起業を決意した瞬間に、心境の変化がありました。

コロナで業績が悪化した飲食業に嫌気が差し、やめたいとまで思うようになっていたのに、このことを機に希望を持つことができたのです。

それからは、以前のように楽しく仕事ができるようになっていました。

自分の心持ち次第で、目の前の現実は嫌になったり、楽しくなったりと変化します。

今、目の前に起きている出来事や現実は、自分の心が反映されたものに過ぎません。

周りの人や環境のせいではなく、すべては自分の心次第であり、自分の心が変われば、現実が変わるということを体感しました。

こうして、外に出て新しい体験をしたことにより、また新たな道が開かれたのです。

振り返ると、人生の転機はいつも「旅」にありました。

スープカレーに出会い、ジンギスカンに出会い、宿泊施設に出会い、感動してアイデアがひらめき、行動へと変化する。

感動したときに「○○をやりたい」という想いが自然と湧いてくるのです。

その湧いてきた想いや情熱が無くならないうちに、素早く行動に移すことで夢が実現しました。

目の前のことに一生懸命になりすぎると、つい近場しか見えなくなり『絶対これをやらなければいけない」などと、心ががんじがらめになるものです。

ですから、心をリラックスさせるために、時間の許す限り旅に出るようにしています。

旅では、行ったことない場所に行ってみたり、やったことのないことに挑戦してみたり、会ったことのない興味のある人に会いに行ったりしています。

新しい体験を意識して行い、見聞を広め、そのなかで、少しでも自分の興味のアンテナに引っかかるものがあればそれをさらに掘り下げてきました。

このように、初めてのものに触れる事によって、五感を刺激しています。

そして、自分が何に興味を示し、何に心が動いたのか、その時の感情を忘れないように、心の声を逃さないようにすぐにメモを取っています。

出来事だけではなく、感情の細かい動きまで書くことにより、大切な気付きやひらめきも得やすくなり、行動に繋がっていきます。

また、週2、3回のジョギングを日課とし、休みの日は登山を趣味にしています。

ひらめきが起こるのは、座って何かをじっと考えている時よりも動いているときの方が多く、体を動かす事によりインスピレーションが得やすくなります。

メモに書いたことを見返したり、毎日を振り返ったりして自己を知るためにも最適な時間です。

こうして、心地良い時間を作り、心と向き合うことで、人生が展開してきました。

人生は刹那の連続です。その刹那を、いかに大事に丁寧に捉えるかによって人生が大きく変わります。ワクワクした自分の気持ちに素直に耳を傾けて、なりたい自分をイメージして、小さなことから行動に移し、これからも進化していきたいと思います。

最後に。

現在に至るまで、私を助け支えてくださった皆様に、心より感謝申し上げます。

初心と感謝の気持ちを忘れず、自分が受けた恩以上の恩を返していく気持ちで、社会に貢献できるよう事業をさらに発展させていきます。

Message

「わたし」のブレイクスルー

ワクワクに従い行動していると、
人生は動き出す。
もしも努力の結果が出ないのなら
それは自分の得意分野では
ないかもしれません
自分の心と向き合って、
ワクワクを指針に動き出してみましょう。

南 奈奈さんへの
お問合わせはコチラ

コミュニケーションデザイナー
マーケティングコンサル／キャリア支援

横山実玖

看護師を経て
マーケティング
コンサル、
キャリア支援へ。
心を満たし豊かになる
愛されメソッド

Profile

1992年、愛知県出身。看護大学卒業後、愛知県内の総合病院で手術室看護師として５年勤務。その後広告代理店へ転職し、ターゲット顧客のアクションを導くマーケティング、コミュニケーション戦略立案・企画提案を行う。現在はフリーランスとして、企業に向けたマーケティング支援や、SNSディレクションスクールの運営及びキャリア支援に携わる。

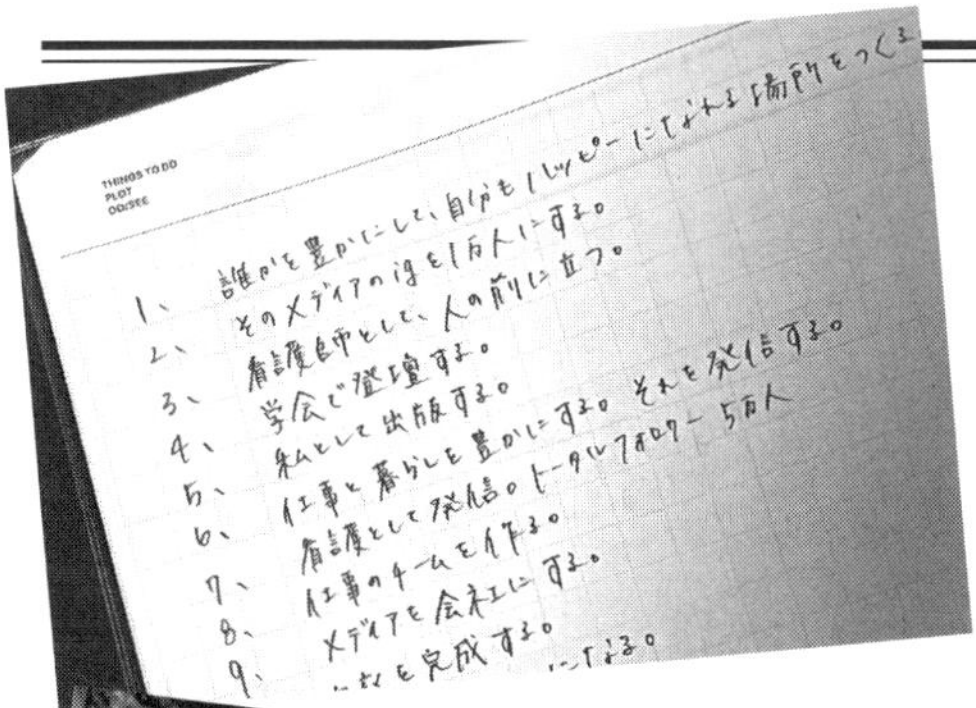

1日の
スケジュール

Morning

7:00 起床

8:00 メールチェック・朝食

10:00 自宅で仕事

11:00 打ち合わせ

13:00 ランチ

14:00 リサーチ・資料作成

18:00 打ち合わせ

19:00 夕食・SNS更新

22:00 資料作成

1:00 就寝

Afternoon

生きることを諦めかけた3年前

2020年3月、5年間続けた手術室看護師を辞めました。

看護師は天職だと思うほど楽しく、大好きな仕事であり、先輩たちからも「あなただけは絶対に手術室を続けるだろう」と言われていたのにも関わらず……。

先輩や後輩、ドクターたちも優しく、辛い時に相談できる同期もおり、人間関係にも恵まれていましたが、ある日、突然続けられなくなったのです。

当時勤めていた病院は、最重症患者を受け入れる救急病院でした。

病院では3年目から、大手術である脊椎固定術や心臓血管の手術ができるようになることが一つの目安です。

私は、1年目でそれを達成しようと、毎日家に帰っては新しい術式を丸暗記する生活を送りました。

努力の甲斐があり、同期の誰よりも早くすべての手術を網羅しました。

そして、1年目を終えるころには脊椎の手術につくようになっていたのです。

4年目で手術室のリーダー看護師を任されるようになると、部内60人ほどの指揮を執るまでに。

同時並行で進む10以上の手術を調整し、約40人の看護師と各診療科の医師との連携を取り、緊急手術の受け入れ可否を委ねられました。

10以上の手術の状況を把握しながら、次の手術の開始時刻を決めます。

ときには、胎児の頭が出かけていて緊急を要する妊婦さんや、交通外傷で脳死状態の人、すぐに胸を開かないと助からない大動脈解離の患者さんが搬送されてきました。

私の調整次第でその患者さんの受け入れが決まり、調整できなければいわゆる「たらい回し」になるかもしれないという、常に命と向き合う現場にいました。

その場にいる全員が目の前の命を救うことに集中し、多くの命を救うことができる現場は、非常にやりがいを感じるものでした。

毎日がジェットコースターのような目まぐるしい日々を過ごしていましたが、すべての手術を網羅し指導者となった5年目になると、次第に虚無感を抱くようになりました。

おそらく、目的を達成したことで、次の目標を見失ってしまったからでしょう。

そんな中、後輩たちのすさまじい成長を目の当たりにすると、「私がいなくてもこの現場は回るだろう」と自身の存在意義を見失い、これまで薄々感じてきた医療現場への違和感を抱き始めました。

違和感の始まりは、看護師3年目の時でした。

保育園時代からの大親友がみずから命を絶ったのです。

「人を救うために看護師になったのに」と自分を責め、医療でも救えない命があることに虚無感を抱きました。

しかし、彼女の死に向き合うことができないまま、その後も誰よりも頑張り続けました。

そして、ふと立ち止まった瞬間に「本当に命を救うとはどういうことか」という疑問が湧き上がり、抑えられなくなったのです。

その瞬間、「このままではいけないという焦りと不安」「どうにもできない現状」「仕事手放すことへの恐怖」「何がしたいのか分からない苦しさ」「救えなかった命への罪悪感」など、今まで封印してきたものが溢れ出し、来る日も来る日も涙を流しました。

親友である彼女を亡くしてから、大切な人を救うことができなかった自分を責め、それが無力感となって私を苦しめました。

そんな自分を認めたくないあまりに努力を続けましたが、結局、無力さは変わらないことをこの時ようやく自覚したのです。

次第に、「このままじゃ取り残される。もっとすごい人にならなければ、誰のことも助けられない」と思うようになりました。

だからといって、看護師という仕事を手放す勇気もなく、疲労困憊していました。気持ちのコントロールさえできなくなり、次第に生き甲斐さえも感じられなくなっていたのです。

生きる目的を完全に失った私を見て、職場の師長から「今すぐ精神科に行きなさい」と言われ、病院を受診しました。精神科医に話を聞いてもらい、自分の精神状態を理解し始めた頃、心配してくれた友人が「自分がキラキラしていないと感じているのなら、自分を変えるときだ」という心強い言葉をかけてくれました。

そんな友人の言葉に背中を押され、大好きだった看護師を辞める決心をしました。

医療の現場を離れ、本当に自分のしたいことは何かを、じっくりと自分と向き合ううちに一つの道筋が見えました。

「人の命を救うのは医療だけではない。誰かの心をハッピーにすることができれば少なからず救える命がある」。

そんな思いから、誰かを幸せな気持ちにできるように、新たな道を歩もうと動き出したのです。

本当にやりたいことを探し続けた2年間

試行錯誤した結果、アパレル関係会社のマーケティング支援がしたいと広告代理店への就職活動を始めました。

というのも、学生時代、アルバイトの一環でファッションコーディネートアプリの運用をしたところ1週間でフォロワーが1万人になった経験があったからです。

人の心に届く発信ができるという強みを活かすことで、その発信を見た人も関わった人も「幸せ」にできるのではないかと考えました。

そして、誰かを幸せにする仕事を通して「人の心を救えるのではないか」と考えたのです。

異業種への転職にも関わらず、手術で鍛えられた胆力をアピールし、すぐに内定を獲得。入社後は、SNSコンサルの分野で独立できるようなスキルとスタンスを身につけることを目標に動きました。

そして、出勤前にビジネス本を読むことを習慣化し、年間100冊以上を読破しました。

これは看護師1年目の時、オペを丸暗記して、次の日にアウトプットをすることで力をつけた経験からです。その時と同じように、本でインプットし、その日にアウトプットをし続けていったことでみるみる仕事を覚え、実践していくことができたのです。

新しい会社で最初に担当した仕事は、ＳＮＳのインサイト分析でした。

これが看護の仕事と多くの共通点があり、やりがいを見出したのです。

インサイト分析は、術中の患者さんのバイタルサインを見ながら状態を把握し、どんな薬を投与する必要があるかを考えている感覚とリンクしました。仮説立てをして、問題をクリアにしていく感覚は、術中の麻酔管理の考え方に似ていました。

たとえば、全身麻酔の患者さんの状態が悪くなると、麻酔器と患者さんを繋ぐチューブの接続不良や、麻酔薬の影響で筋硬直を起こしているかもしれないという仮説が立ちます。

それら一つひとつをクリアにしていくことで、必要な処置が明確になるのです。

その感覚に気づいてから、コンサルタントの仕事は「看護師の延長線」であると感じるようになりました。

どんな企業にも抱えている課題があり、気づいていない問題点があります。それをヒアリングで引き出し、アセスメント後、仮説と検証を繰り返すのです。

また、会社では「コミュニケーション戦略」を教わりました。

これは製品やサービスの情報を、顧客に効率的かつ効果的に伝えるための戦略です。

顧客ニーズに合致した製品を作り販売したとしても、その製品が効率的かつ効果的に顧客に伝わらなければ、売れないということです。

人々の心を感動させるにはどう魅せるべきか、どう伝えれば双方がハッピーになるのかと考える毎日が楽しくて仕方ありませんでした。

人の心を救うことでも命を救いたい、幸せにしたいという私の想いが、この仕事でなら叶えられると感じたのです。

こうして10ヶ月の経験を経て、フリーランスとして独立。

独立後は「バレットジャーナル」をつけ実行していきました。

これは、1年後の自分がありたい状態を書き出し、半年↓1ヶ月↓15日と細かくタスクを整理し、小さく実現して大きな目標にたどり着く方法です。

これがあれば、おもしろいように結果が数字として現れるようになるのです。

そこで最初は、看護師の年収を超えるという売上目標を掲げ、歩み出したのです。

本当にやり遂げたいことを知る

フリーランスになってからは、企業のマーケティングコンサルをし、バレットジャーナルをつけては日々目標の数値を達成し、目標年収を達成しました。

看護師を辞めたという選択が正解だったと思えるように、必死で成果を出すことに努めました。

やればやるほど企業のフォロワー数や認知が高まり、自分自身の売上として現れ、自分自身の収入も増え、どんどん目標を掲げては達成することに没頭しました。

しかしながら、数字の達成に気を取られるうちに、当初の目的である「人を幸せにすることで心を救う」ということを忘れ、結果を出すことばかりに気を取られるようなっていました。

フリーランスは、仕事をすればするほど成果が現れ、収入も増えるため、ゲームをするようにのめり込んでしまったのです。

友人と会う時間でさえも無駄だと思ってしまうほど仕事に没頭し、たまに会っても仕事以外に何を話していいかわからなくなりました。

そんなある日、友人から仕事の愚痴を言われた時に、生ぬるいと感じ「なら辞めれば」と言ってしまいました。

すると「最近すごく怖いよ。仕事が楽しいというけれど幸せそうに見えないよ。そんなに稼いで何が幸せなの」と言われ、ハッとしたのです。

看護師を辞めた自分を正当化したいという思いと、一刻も早くその選択肢が正解だったと自分を納得させたくて、当初の思いを見失っていたのです。

本当は「人の心を救うことで、人の命を救いたい」という思いから始まったのに、いつしか「早く成功する」ことに意識が向き過ぎていたのです。

フリーランスは、やればやるほどお金になるおもしろさがある一方、「やらないと失う」という焦燥感を感じるようになっていました。

そこで、今一度、原点に帰ることにしたのです。

看護師を辞め、精神科に通うほど辛いことを両親に打ち明けた時、母は「いつでも味方だから」と抱きしめてくれました。

どうしようもなくつらいとき、救ってくれるのは、医学ではなく人の温もりであること。

そして、この人は信じても良いと心から思えた時に心の糸がほどけることを思い出しました。

あの時、抱え込んでいた苦しさが一気にほどけ「人の心を救えるのは人の心なのだ」と感じたのです。私もそんな風に人の心を救いたかったのだと思い出し、今一度原点に帰ることにしました。

想いを振り返るうちに「仕事に悩んでいます。転職したいけれど、スキルがありません」と何人もの人から相談されたことを思い出しました。

そこで、看護師を辞めても、仕事に困らないスキルを伝えたり、職場での悩みを解決するようなスキルを伝えたりしていきたいと考えたのです。

看護師を辞めてから、転職や独立をしても職に困らなかったのは、看護師の時に身につけたスキルのおかげでした。

看護師が毎日当たり前のようにしている傾聴によって、問題を見出し、解決していくことが、働くすべてに通用する力だったと気づいたのです。

それこそが、職場環境やビジネス、恋愛においても有効で、どんな悩みも解決できるスキルだったのです。

そこで、これまでに役に立ったスキルを書き出していきました。

「とにかくポジティブでい続けること」「自分の will を発信し続けること」「相手のことをちょっと好きでいる」「誰であれ、素敵だと思ったら声に出して伝えること」「相手にギブし続けること」「ごめんなさいの何倍も多くありがとうと伝えること」……。

これらのスキルが、転職後もフリーランスになってからも自身を助けてくれたのです。

そこで、このスキルをまとめ「愛されメソッド」として確立しました。

このメソッドのお陰でいつも誰かが助けてくれ、私よりも私を愛してくれる人が増え、仕事が途切れず、職場でも良好な人間関係のもとで過ごすことができたのです。

このメソッドを伝えることで、同世代で仕事に悩む女性の不安や不満を解決し、将来設計ができるようキャリア支援を始めることにしました。

人間関係で悩んでいるなら今の職場の環境をより良いものにし、他の道を目指すなら、看護師のスキルを別の職業に当てはめて実行できるようにする。

スキルがないなら、マーケティングやコンサル、SNS運用など別の職業で活用できるように指導する。その場所で、自分らしく、自分に素直に生きられること、そんな誰かの人生を豊かにする場所を提供しサポートする。

ようやく私が本当にやりたかったことに出会えたのです。

私にとっての幸せとは

幼い頃から「あなたならできる！」と母に言われて育ってきました。

だからこそ、「やればいつか必ずできる」という根拠のない自信がつき挑戦できるようになっていました。

また、看護師の仕事を手放した時、「死ななければ、なんでも挑戦したら良いんじゃない」と友人が言ってくれたことで、次の世界へ飛び込むことができました。

人生の選択に迷うたびに、母と友人の言葉を思い出して挑戦を繰り返しています。

夢は自分からつかみにいき、行動することでしかたどり着きません。

何かを変えたいと思うなら、自分から変わらないと変わりません。

自分に正直になり、自分を認めて、思いのままにやってみることが大切なのです。

こうして挑戦すればするほど、感じることがあります。

それは、この世は、挑戦する人に優しいということです。

挑戦する人が少ないからこそ、挑戦するだけで価値があり、結果として返ってくるように感じます。

また、フリーランスになってからは、自分の will を発信し続けたことで、周囲の人々が一緒に夢を叶えてくれるようになりました。

看護師の時に身につけた「奉仕」を自然に振りまいていたからか、周りがそれ以上の大きな愛で返してくれることに気づいたのです。

私は何者でもないけれど、個が集まることで大きな力になることを実感しています。

私が挑戦し続けられているのは、周りの人が助けてくれているからなのです。

ですから、人生の選択に迷った時は、少しだけ勇気を出して、あなたのことを誰かに伝え、動き出してみましょう。

一人で何もかもやろうと思わなくて大丈夫。

あなたのことを、あなたより本気になって考えてくれる人がいますから。

これからも私は、命の本質に向き合い、心を豊かにする支援をしていきます。

私にとっての幸せは、自分の人生を豊かにし、一人でも多くの人の心を豊かにすること。

あなたの幸せは何ですか？

Message

「わたし」のブレイクスルー

誇りだった仕事を手放した。
後悔する気持ちとせめぎ合いながらも
自分の心に従い挑戦を繰り返すことで、
本当にやりたいことにたどり着いた。
違和感があったら、手放して。
きっと次の場所にたどり着くから。

横山実玖さんへの
お問合わせはコチラ

リ・ライフ株式会社 代表取締役
建築業

渡部 由美子

会社員から
建築会社経営者へ。
「女性目線の家づくり」
で建築業界を生き抜いた
女社長の8つのルール

Profile

1965年、佐賀県出身。愛知県在住。サラリーマン家庭で育ち、愛知県で唯一の全寮制の公立高校（普通科体育コース）卒業後、医療系の専門学校に進む。1985年、地元の工務店に就職。住宅販売の女性営業として22年勤務。そのうち役員歴16年。退職後、住まいのアドバイザーとしてリ・ライフを開業。50歳で法人化、建築会社リ・ライフ株式会社を立ち上げ現在７期目を迎える。娘２人は独立し、現在は元プロ野球選手の夫と２人暮らし。趣味：旅行・温泉・食べ歩き・ゴルフ・スキューバダイビング・スポーツ観戦（特にボクシング）。

1日の
スケジュール

Morning

7:00　起床・身支度・お弁当（詰めるだけ）・スケジュールチェック

9:00　出社

19:00　帰宅

20:00　買い物後夕食作り

21:30　夫の帰宅後夕食

22:30　入浴・趣味の時間

24:00　就寝

Afternoon

22年務めた工務店からの卒業

「会社辞めます」と言い、退職したのは40歳を過ぎてからのこと。

思い返すと、この瞬間が人生最大の転機でした。

この時は、まさか自分自身が経営者になるなんて考えたこともありませんでした。

人生は「なんとなく」流れるものであり、私はこのままずっと会社員で居続けると思っていましたから。

私の人生は、いつも「なんとなく」決まってきました。

中学時代は、将来の夢もなく進路を決めかねていたところ、全寮制の体育コースがある公立高校があることを知り、なんとなくおもしろそうだと思い進学しました。

15歳で親元を離れることになりましたが「自分で決めたことは最後までやり通しなさい」と両親は反対することもなく、応援してくれたのです。

全寮制の高校はまるで軍隊のようで、入学後は何度も学校を辞めたいと思いましたが、そこでの3年間の生活により、根性は身についたように思います。

卒業後は、父に「女性でも一人で生きていけるように手に職をつけたほうがいい」と言われ、なんとなく医療系の専門学校に進学。

卒業を間近に、就職先に悩んでいたところ、恩師から「近所の工務店が事務員を募集しているから受けてみては」と声を掛けてもらい、そのまま就職しました。

その工務店は、男性社員3人の小さな会社でした。

2年ほど経ったある日、突然社長から「営業やってみるか」と言われ、家を売る営業の仕事が始まったのです。

当時は、バブル経済の真っ只中。ど素人の私でも営業を始めてすぐに家を売ることができました。意気揚々と社長に報告すると、「今は小学生でも家が売れる時代だから」と、思いがけない言葉を言われたのです。

今思えば、調子に乗りすぎるなということだったのでしょう。

しかし、この言葉で火がつき、「一ヶ月に一件は必ず契約を取る」と自身にノルマを課し、これを20年間毎月達成し続けることに成功しました。

当然ながら、クレームやトラブルもありました。

「営業が女性なの？　あなたで大丈夫？」と言われることもありましたが、それ以上に「ありがとう！」と言われることに、大きなやりがいを感じていたのです。

その後、結婚、出産をしましたが、ほぼ休むことなく仕事を優先して働き続けました。

次女を出産後は子宮腺筋症を患いましたが、それでも痛みと戦いながら続けました。

ところが、痛みによる精神的余裕がなかったせいか、些細なやりとりがきっかけとなり、「この会社ではもうこれ以上働けない」と思い、突然「会社を辞めます」と退職することを決めたのです。

この時こそ、人生そのものが変わった瞬間でした。

次の仕事を考える間もなく退職。その後、何をしたらいいのかわからず、途方に暮れながら家で過ごした時間を今でもはっきりと覚えています。

初めての無職。何もしていないのにあっという間に一日が終わります。貯金を切り崩しながら生活することに不安を感じ「早く稼がなくては」と焦りました。

そんななか、ある人に「個人事業主として自分でやってみたら」と言われました。

私にできるか不安だと言うと、「職人さんは営業が苦手で苦労している。住まいの困りごとの相談先がわからないお客様もたくさんいる。そんな職人さんとお客さんを繋ぐ仕事をしては」とのこと。

あまりの唐突な提案に結論を出せずにいると、「事務所としてコンテナを準備してあげるから、決断してみては」と背中を押され、思わず「やるわ」と返事をしてしまいました。

一人で悩まず、人に相談をしたことで、思わぬ現実が動いたのです。

独立から法人化へ「女性目線の家づくり」

２００９年、住まいのアドバイザーとして「リ・ライフ」をスタート。

お客様の住まいや生活をリフォームする意味と、人生をリセットしたいという思いを込めて名前をつけました。

税理士事務所で働く友人のアドバイスを受け、商工会議所で帳簿を習いました。

作業は覚えれば何とかなりますが、会社の後ろ盾がない私にお客様が来てくれるのか、職人さんが依頼を受けてくれるのかと、不安を抱えていました。

とりあえず、今までのお客様にご挨拶を兼ねて火災報知器の行商することから始めました。

最初に受けた仕事は廊下の手摺付け。

この時の利益は１０００円と完全に赤字でしたが、職人さんがこんなに小さな作業でも快く引き受けてくれたことをありがたく思いました。

その後も、ご近所の人や友人、今までのお客様たちからご依頼を受け最初の１～２年は仕事が途切れないというありがたい状況が続きました。

独立して分かったことは、営業も現場も見積り等事務処理もすべて一人でやらなくてはならないということです。

「今まで周りの仲間にどれだけ助けられてきたのか」と、自分の頑張りだけで結果を出してきた訳ではなかったことを思い知らされました。

しかし、一人ですべてを担うことに限界を感じ、4年目からは気力が沸かず、家に引きこもるようになってしまいました。

仕事をせずに家にいると、娘の中学校のPTAの母親代表を受けてくれないかと依頼がきました。

最初はお断りしましたが、時間を持て余していたことと、学校へ恩返ししていくことも必要だと思ったことから、引き受けました。

週1、2日、PTAで学校に行くようになると、人と一緒に物事を進めることの楽しさに触れ、その仕事に没頭していきました。

次第に、PTAだけでなくミニテニスサークルを立ち上げたり、生協の総代を受けたり、市のボランティアに参加したりとさまざまな活動を始めたのです。

そしてある時、PTAで知り合った人から「渡部さん、工場を建て替えたいけどお願いできませんか」と相談を受けました。

この一言が、私の会社を法人化するきっかけとなりました。

それまで「実家を建て替えたい」「子どもが新築希望しているので相談に乗ってほしい」などと話をいただくことがありましたが、一人では受けきれず他の工務店に紹介していました。

しかし、PTAを通じて地域の人とつながるうちに「自分で責任を負える仕事をしなくては」と思うようになったのです。

この頃、友人らと何か一緒にできないかと意見を出し合ううちに、「新会社を作ろう」「リ・ライフを法人化させよう」と意見が一致。

貯金を切り崩し、政策金融公庫で融資を受け、開業資金800万を準備し、2016年6月に「リ・ライフ株式会社」設立しました。

大きな仕事も受注できるようにと建設業許可を取り、創業メンバーに宅建士がいたため不動産業許可も取りました。

しかし、ふと我に返ると、自分が社長になったことに怖さを感じました。

従業員の仕事を作らなければならず、お給料も最初から払わなくてはなりません。

何からやればいいのか分からないまま、ヒントが欲しくて人と会い続けました。

そんなある日、建築業の研修会で周りを見渡すと女性がいないことに気づきました。

担当者に聞いたところ、「女性の創業者は渡部さんくらいですね」と言われ、衝撃を受けました。

当時、リ・ライフは女性4人、男性1人態勢で、お客様も主婦が多かったのです。お客様から「女性だと色々話しやすいわ」と言われたことを思い返し「これこそが強みだ」と気づいたのです。

そこで、キャッチフレーズにしたのが「女性目線の家づくり」でした。こうして、差別化を図り、経営が安定していきました。

しかし、起業数ヶ月後、環境の変化やストレスのせいからか、子宮腺筋症が悪化。毎晩座薬がないと眠れない日々が続き、子宮、卵巣を全摘したのです。その後、痛みは嘘のようになくなりましたが、後遺症でひどい更年期障害に襲われました。

周囲を気遣う余裕がなくなり、退職者が続き、3年目には創業メンバーはゼロに。「私が更年期でイライラしていたから、こんなことになってしまった。もっと何か手立てはなかったのか」と自分を責める日々でした。

そんなとき、ある経営者に「創業メンバーは大体3年で辞める。辞めない事には次の良い人材も来ない。3年で新しい波が来ない会社は成長しない」と言っていただいたのです。
たしかに、事業の拡大や成長に伴い、「昔に戻りたい」と変化を嫌う人が出てきます。つまり、それは会社や人間の成長度合いによって人が変わってくるということ。だからこそ、離れていく人の幸せを願って送り出すことが必要なのだと教えてくれました。

今思えば、この言葉こそが、自分の思考から逸脱しブレイクスルーをするきっかけとなりました。

同時に、事業が拡大しているにも関わらず、周囲を頼らず一人で走り続けていたことに気づき、人をまとめる「経営者」としての技量がかけていたことにも気づいたのです。

そして、今一度経営者として、舵取りをしていくことを決意。

その後は、同業者とコミュニティなどにも積極的に参加し、悩みを相談し合うことで経営者としてのあり方を教えていただき、精神的に支えられました。

そうするうちに、自然と右腕になってくれている人物が現れました。

スタッフにも恵まれ、みんなが一丸となってリ・ライフ株式会社を支えてくれるようになったのです。

仕事と子育ての両立

40代で起業、50歳で法人化と、慌ただしく人生を駆け抜けてきました。

仕事に加え、家事や育児もあり、まさに嵐のような日々を過ごしてきたように思います。

若い頃は、自分がこんなにも働き続ける人生になるとは想像していませんでした。

就職したころは、結婚と同時に退社をして、子育てしながらパート勤め……いわゆる普通の専業主婦になると思っていました。

ところが、結婚願望があったものの、仕事に没頭するうちに30歳を過ぎていました。

一人で生きていく準備をしようかと思っていたところ、今の夫と出会ったのです。

夫は15歳年上の元プロ野球選手で、45歳で中日ドラゴンズを退職するまで野球の世界しか知らず、社会人になったばかり。

夫の収入が安定していなかったため、やむを得ず私が大黒柱になったのです。

ですから、妊娠してからも休むことなく、産後一ヶ月で仕事に復帰しました。

母は娘を心配して結婚に大反対だったものの、孫が生まれると、全面的に協力してくれたため、仕事に復帰することができました。

生まれて間もない赤ちゃんを置いて仕事に行くことには、罪悪感がありました。

しかし、生活がかかっていることと、仕事が大好きだったことから続けられたのです。

子育てはほぼ人任せでしたが、母として続けられたこともありました。

それは、「食」に関すること『自分の母乳で育てることとお弁当作り』でした。

家から職場が近く、仕事中でも途中帰宅させてもらえたことから、長女も次女も3歳まで母乳を続けることができ、子どもとの時間を過ごすことができました。

また、お弁当は、キャラ弁のような手のこんだものではありませんが、子どもたちの成長を願って毎朝作り続けることができました。

それから、一緒にいる時間が少ない分、子どもの様子を敏感に察知しました。

表情を見てその日の出来事を読み取るようにしたのです。

こうして、2人の娘は素直に育ち、それぞれ立派に自立してくれました。

長時間一緒にはいられませんでしたが、しっかり見守ってきた結果だと確信しています。

仕事・家事・子育てをどうしたら両立できるのかと聞かれますが、まずは協力者の確保、と家事の手抜きが必須です。

夫と祖父母がいなかったらこの生活は成り立たなかったでしょう。

乾燥機や食洗機も活用し、時間がないときにはスーパーのお惣菜も利用しました。

働きながら、家事もきちんとしすぎるとストレスになり、子育てにも影響を及ぼします。あっという間に子どもは成長しますから、働くお母さんはどんどん手を抜きましょう。

働くことで罪悪感を持つ母親もいるでしょうが、それは手放しても良いでしょう。私自身、仕事で家にいる時間が少なかったため、子どもたちにはさみしい思いをさせたと申し訳なく思っていましたが、子どもの受け取り方は違うようでした。

前の会社を退職し、家にいる時間が増えた時に、娘から「ママはお仕事に行っていいよ」と言われました（きっと口煩いと思ったのでしょうけど）。

娘によると母がいないのが当たり前で、祖夫母がいたので寂しくなかったそうです。母として寂しい気もしますが、この時に「罪悪感を持たず、思い切って子どもたちの生活を支えるために働こう」と吹っ切れたのです。

ですから、働く必要があるお母さんは、働く自分を肯定してほしいと思います。

共働きが主流になったものの社会のフォロー体制はまだまだ整ってはいません。できるだけ人に頼り、家事は手を抜き、子育ては手を掛けるより目を掛ける、この両立術で乗り越えていきましょう。

私の8つのルール　成功への鍵

私のなりゆきの起業は7年目に入り、コロナにも負けず継続しています。

売り上げも安定し続け、1億円を下ることはありません。

こうして、安定して経営できているのは、8つのルールを決めて守ってきたからでしょう。

「8つのルール」

1　ゴルフ・飲み会の誘いは断らず、たくさんの人と会う。
2　人と食べ物は好き嫌いをしない。
3　どんな事でもやってみる。
4　仕事の依頼が来たらできないとは言わない。出来るまで最大限の努力をする。
5　嫌なことから絶対に逃げない、人のせいにしない。
6　人と比較しない。
7　反省しても後悔はしない。
8　決断は早く、迷ったらヤメ。

この8つのルールが、これまでの経営を支えてくれました。

これは、自分と仲良くし、関わってくれるすべての人を大切にするものなのです。

起業は勇気と覚悟があれば誰にでもできますが、起業を軌道に乗せるために大切なことは、「人」との付き合いです。

あらゆる方面の人脈を持ち、アウトプットし、迷ったら誰かと話をすることが成功の鍵なのです。

私自身、何か困ったときにはいつも人と会い、話すことで道が開かれてきました。

たくさんの人に助けてもらったおかげで、ここまでたどり着くことができました。

両親、主人、娘たち、前職の会長、起業にご尽力くださった方々、そしてリ・ライフのスタッフ、そして私を信頼し相談して下さるお客様達、全ての方に感謝しています。

これからは、私が多くの人に助けられてきたように、私の持つ知恵を次の世代に受け渡していくことが使命です。

もしも、あなたに困ったことがあれば、話に来てくださいね。

人に話すことから、すべてが始まるのです。

Message

「わたし」のブレイクスルー

人は、出会いと別れを繰り返す。
その真意を知った瞬間に、
次のフェーズへ移行するための、
扉が開く。

渡部 由美子さんへの
お問合わせはコチラ

勇気ある一歩が導く、新たな人生 ―おわりに―

人生には後悔がつきものです。

「あの時、違う選択をしていたら……」と「もしも」が思い浮かぶこともあるでしょう。

しかし、人は過去には戻れません。

「別の選択をしていたら、今が違っていたかもしれない」と後悔をしても、選択をする前の自分に戻ることは決してできないのです。


ここに登場した女性の人生には、それぞれの「分岐点」がありました。

それでも、彼女たちは、過去を嘆いたり、やったことがないからと諦めたりしませんでした。

勇気と覚悟を胸に、自分の信じて歩むと決め、
過去ではなく、未来に目を向け、「今」動き出す。

そんな思いが彼女たちを「ブレイクスルー」させるきっかけとなったのです。

この本を手にしてくださる方のなかには、悩んでいる真っ最中という方もいらっしゃるでしょう。

しかし、悩みや後悔、迷いが生じたことこそ、あなたの「ブレイクスルー」が直前である証拠です。

あなたの勇気ある小さな一歩が、あなたが望む新しい人生へと導きます。

最後に、この本に登場してくださった20人の女性へ感謝を綴ります。
過去の苦労や体験を凝縮して執筆することは、大変な勇気と努力を要したことと存じます。
その想いや覚悟、経験から学び得たことが多くの方に届きますように。
そして、新たなブレイクスルーがあったとき、またここでお会いできることを楽しみにしています。

Rashisa（ラシサ）出版　編集部

新しい「生き方」を手に入れるために
自分の壁を超えた瞬間

ブレイクスルーした女性起業家20人から学ぶ生き方&働き方

2023年7月25日　初版第1刷発行

著者：Rashisa出版（編）
安藤優美／井上美幸／大戸もも／奥山由実子／加藤亜紀美／城所美奈子／小林由紀子／
佐々木久美子／髙橋葵／高橋由香里／玉野英美／田村優美／野中さつき／伴祥江／東谷朋美
星野悠月／増井サリン／南奈奈／横山実玖／渡部由美子

発行者：Greenman
編集・ライター：神谷加奈子／加藤道子
ブックデザイン：二ノ宮匡

発行所：Rashisa出版（Team Power Creators株式会社内）
〒558-0013 大阪府大阪市住吉区我孫子東2-10-9-4F
TEL：03-5464-3516

発　売：株式会社メディアパル（共同出版者・流通責任者）
〒162-8710 東京都新宿区東五軒町6-24
TEL：03-5261-1171

印刷・製本所：株式会社堀内印刷所

ISBNコード：978-4-8021-3408-8
Cコード:C0034